暗香无声

浸润德育的思考与实践

朱叶梅 著

广东省中小学『百千万人才培养工程』系列丛书

SPM
南方传媒

广东人民出版社

·广州·

图书在版编目（CIP）数据

暗香无声：浸润德育的思考与实践 / 朱叶梅著. —广州：广东人民出版社，2023.12

（广东省中小学"百千万人才培养工程"系列丛书）

ISBN 978-7-218-16906-4

Ⅰ.①暗… Ⅱ.①朱… Ⅲ.①德育—教学研究—初中 Ⅳ.①G631

中国国家版本馆CIP数据核字（2023）第170939号

ANXIANG WUSHENG —— JINRUN DEYU DE SIKAO YU SHIJIAN

暗 香 无 声 —— 浸 润 德 育 的 思 考 与 实 践

朱叶梅　著

出 版 人：肖风华

责任编辑：方楚君　叶芷琪
责任技编：吴彦斌

出版发行：广东人民出版社
地　　址：广州市越秀区大沙头四马路 10 号（邮政编码：510199）
电　　话：（020）85716809（总编室）
传　　真：（020）83289585
网　　址：http://www.gdpph.com
印　　刷：广州小明数码印刷有限公司
开　　本：787 mm × 1092 mm　1/16
印　　张：15.25　字　数：305 千
版　　次：2023 年 12 月第 1 版
印　　次：2023 年 12 月第 1 次印刷
定　　价：62.00 元

如发现印装质量问题，影响阅读，请与出版社（020-85716849）联系调换。
售书热线：（020）85716863

广东省中小学"百千万人才培养工程"系列丛书
编委会

■ 总　序

求实笃行，守正创新
做扎根岭南大地的时代大先生

　　教师是教育改革发展的第一资源，教师强则教育强。近年来，党和国家对教师队伍建设的重视达到前所未有的历史高度，党的二十大更是把加快建设教育强国、科技强国、人才强国，作为全面建设社会主义现代化国家的基础性、战略性支撑。作为置身改革开放前沿的教育大省，广东省始终积极响应国家的教育发展战略，把教师队伍建设、教育人才建设摆在极其重要的位置，以培育一批教育家型教师、卓越教师和骨干教师为目标引领，2010 年至今已先后实施三批广东省中小学"百千万人才培养工程"，通过提炼教育改革典型经验与创新理念，打造具有鲜明岭南风格与广泛影响力的教育特色品牌，致力于为推进中国式教育现代化事业贡献智慧。

　　作为人才强教、人才强省的一项重要改革举措，广东省中小学"百千万人才培养工程"的深入实施，就是要持之以恒地通过教育人才培养机制的创新，探索名优教师成长规律，优化教师专业发展的环境，激发教师竞相成才的活力，真正形成让教育家型教师不断涌现的良好教育生态。

　　十多年来，中小学"百千万人才培养工程"通过不断完善培养机制，形成了较为科学的"顶层设计"，建立了省、市、县三级分工负责、相互衔接的中小学教师人才培养体系，坚持"系统设计、高端培养、创新模式、整体推进"的工作理念，遵循"师德为先、竞争择优、分类指导、均衡发展、公平公正"的工作原则，统筹安排好集中脱产研修、岗位实践行动、异地考察交流、示范引领帮扶、课题合作研究等"五阶段"，并注重理论研修与行动研修相结合、导师引领与个人研修相结合、脱产学习与岗位研修相结合、国外学习与海外研修相结合、研修提升与辐射示范相结合的"五结合"，从而有效解决了传统教师培训存在的问题与矛盾，让"百千万人才培养工程"成为助力教师队伍整体素质提升、助推全省教育现代化的"标杆工程"。

教育现代化首先是"人"的现代化，推进中国式教育现代化建设呼唤数以千计、数以万计教育家型教师的示范与引领。什么是教育家型教师？2021年4月，习近平总书记在清华大学考察时强调，"教师要成为大先生，做学生为学、为事、为人的示范，促进学生成长为全面发展的人"。这实际上是为广大教师提出了职业发展的高标准，一个教育家型教师一定要胸怀"国之大者"，关心学生的精神成长、着眼于学生的全面发展和终身发展，立德树人，笃志于学，努力做新时代的大先生。

开辟新学，明德新民，岭南大地是一片有着优良文化传统的教育改革热土，生逢中华民族走向伟大复兴的新时代，今天的教育人更应该赓续初心，勇于担当，借助于"百千万人才培养工程"的制度赋能，立足于充满希望的教育实践原野，努力书写"立德、立功、立言"的精彩教育人生。

第一，要求实笃行，做勤学善研的育人者。

岭南大地向来有着求真务实、勤勉笃行的文化传统，正是凭着这样的实干精神，创造了经济社会发展的一项又一项奇迹。浸润在岭南文化精神中，广大校长教师始终笃守着为师的道义，躬身教育实践，用心用情地教书育人，并不断地思考、凝练和升华，同样创造出富有岭南教育文化特色的改革实践与教育理念。透视这些实践与理念，其中蕴含着真学习、真研究、真实践的教育价值导向。

深入研究学生，是育人之根。所有的校长教师，都应以学生为本来推进教育教学实践改革，关注学生的个体差异，包括智力、性格、情感、行为等方面的差异，了解他们的发展特点和需求，以便为他们提供个性化的教育；注重学生的生活体验和情感需求，帮助他们解决心理问题，调整情绪状态，创造良好的学习和生活环境，培养健康的心理素质和人格品质；关心学生的综合素质和发展潜力，引导学生参加各种活动，以培养其领导能力、创新能力、团队协作能力等非学科能力，提升其全面素质和可持续发展能力。我们坚信，一个育人之师必须要研究学生，为学生健康而全面成长服务。

深入研究课堂，是立身之本。课堂是育人的主阵地，也是师生共同成长的主要空间。校长和教师一定要沉潜在课堂一线，关注师生的课堂生活质量。从学生的学习兴趣和需求出发，引导学生主动参与课堂教学，激发学生的学习热情，使其在学习中得到满足和成长；要不断创新教学方法和策略，灵活运用不同的教学策略和技巧，提升学生的学习能力和思维品质，促进知识的内化与能力的输出；同时还要对课堂教学的内容、形式、效果等方面进行全面的评估和反思，不断提高课堂教学质量和效果。优秀的校长和教师的生命力在课堂中，脱离了课堂教学，任何教育创新都是"无本之木"。

深入研究管理，是兴教之源。教育管理，事关一所学校的"天地人和"，能够让每个人各展所长、各种资源得到适当调配，让人财物完美契合。这就要求校长教师要注重教育的发展战略和规划，善于构建教育愿景，以此来制订教育教学计划，为学生提供更优质的教育服务；注重管理机制和制度的建设，从招生到课程安排，从班级管理到教学管理等，无不体现规范与科学；此外还要注重自身与队伍的终身发展，不断提升团队建设水平，优化组织文化，在协商共治中走向教育治理，用良好的组织文化引导人、凝聚人、发展人。

第二，要守正创新，做知行合一的自强者。

教育是一项继往开来的事业，既需要继承传统，循道而行；又需要开创未来，大胆创造。一个优秀的校长或教师要掌握并尊重教育的基本规律，包括党和国家关于教育的方针政策、发展方向以及制度规定等，唯有如此，才能行稳致远，保障教育高质量发展。同时面对教育中不断出现的新情况、新问题和新挑战，要有改革思维与问题意识，发挥好主动性和创造性，在不断破解问题中实现教育的新发展。

一方面，要做好教育传承，弘扬教育文化自信。党的二十大报告提出，坚持和发展马克思主义，必须同中华优秀传统文化相结合。这启示我们，办好教育必须珍视既有的文化传统，植根于本民族、本区域历史文化沃土。岭南是传统文化蕴藉深厚之地，有着丰富的地域文化可作为教育的资源，也经一代代教育人的探索形成了许多宝贵的教育经验与理念。这些都是帮助我们办好今天教育的精神财富，作为校长和教师一定要通过学习，研修了解岭南教育的传统，做好教育资源的调查研究，用本土化、特色化的教育实践彰显教育文化自信，做有根的教育。

另一方面，要推进教育改革，以新理论指导新实践。教育要培养面向未来的一代新人，因此必须常做常新，满怀热忱地拥抱新生事物，要在不断学习中适应新情况、创造新经验。勇立潮头、敢为人先也是岭南的文化精神之一。广大校长和教师要敢于迎难而上，主动作为，面对教育工作中的问题或困难不抱怨、不懈怠、不推诿，充分激发成长的内驱力；要认识到所谓的问题恰恰是改变的契机，我们的教育智慧、我们的教育事业都是在不断破除困难、解决难题中得以发展；要不惮于说前人没有说过的话、做前人没有做过的事，不断拓展认识深度和广度，力争创造出更多教育改革的"广东经验""广东智慧"，这才是教育家型教师应有的胸怀胆识。

第三，要海纳百川，做担当使命的引领者。

优秀的校长、教师与班主任，在一定程度上都是先进教育文化的代表，这就意味着我们在"百千万人才培养工程"这个项目平台上，必然要承担更大责任，履行更大使命，有更高的精神追求。除了在高水平研训活动中完善自我、提升自我之外，还要胸怀天下、海纳百川，凝练自己的教育教学实践成果，升华对教育教学的思想认知，形成具有示范性、影响力的教育特色品牌，带动更多的学校和教师共同成长，一起不断地提升教育品质，推动教育高质量发展。

凝练教育特色品牌，从经验积累走向理论思考。一位优秀的教育者必然要做到知其然并知其所以然，不断增进对所从事教育工作的规律认知和价值思考。我们的名校长、名师和名班主任要立足自己丰富的实践经验，不断学习、不断反思，在专家指引和同行启示下，结合教育学、心理学、社会学等学科理论，将个人的实践经验凝练和表征为富有内涵的概念与符号，确立起具有鲜明个性特点与自我风格的教育教学品牌性成果，从行动自觉走向理论自觉，并用自我建构的理论或工具去指导实践、印证实践、优化实践，从"名师"走向"明师"。

用好教育特色品牌，从个体实践走向群体发展。实践经验范型一旦表征化为符号、概念，就立刻具有凝聚力、解释力与普适性，这就有助于引领、启发和影响更多的教师，结成教育发展的共同体，共同优化教育教学实践。各位名校长、名师和名班主任要发挥教育特色品牌的示范性，依托工作室平台，不断地吸收新生教师力量，不断地影响更多教育同行。正所谓独行速，众行远。以品牌建设为纽带，让每一位名师都发挥"磁场效应"，真正达到造就一位名师，受益和成长起来一批优秀教师的局面。让这些在岭南大地上星罗棋布的名师交相辉映、发光发热，照亮广东教育的美好未来。

升华教育特色品牌，从著书立说走向文化传播。近代以来，无论是岭南文化还是岭南教育，始终开一代风气之先，形成了许多影响全国的好经验、好理念和好的发展模式，同时也在教育文化的交流传播中更好地促进我们自身的发展。今天的校长和教师是岭南教育文化新的代表，也要有一种开放的胸怀和眼光，在教育全球化、信息化的背景下海纳百川、兼收并蓄，同时也要积极传播自身教育的优秀成果，在更大的教育发展平台上与名师名家、教育同行、社会各界交流对话，发出教育的声音，讲好教育的故事，扩大教育的传播力与影响力，增进不同教育文化的理解与互鉴。

正因此，看到又有一批"百千万人才培养工程"的优秀教育成果即将付梓面世，作为这项工作的管理者、参与者和见证者，由衷感到骄傲和自豪。古人云，"言而不文，行之不远"。希望我们广东的优秀校长和教师更加重视教育教学成果的凝练升华，这本身就是一件创造性的工作，也是更好地激发自身教育潜能、唤醒更多教育人生命活力的有效途径。愿这样的优秀教育成果能够发挥更大品牌效应，引领更多教育人不忘初心，潜心育人，参与到中国式教育现代化的伟大事业中，为中华民族的伟大复兴做出教育人应有的贡献。

是为序。

吴颖民

2023 年 5 月

■ 序　言

　　教育是一段漫长的路，我风雨兼程，砥砺前行，用心品味一路之上的风景；教育是一个美妙的梦，我矢志不改，奋力追逐，努力把梦想变成美好的现实。

　　我想要做一名优秀的教师，实现人生与职业的理想，用我的教育智慧以及辛勤劳动，更好地教书育人；我想要做一名普通的教师，踏踏实实、认认真真地做好每一项工作，为孩子们的成长创造一个更好的环境。既然选择了成为一名人民教师，我虽然不一定能做得最好，但我要努力做得更好。我要努力前行，创新思路，尽心尽力播撒教育的馨香，实现教育与真爱的梦想。

　　孔子曰："执德不弘，信道不笃，焉能为有？焉能为亡？"道德是人们品行的支撑，道德是社会文明的基础。自古以来，人们都把"厚德载物""德行天下""德才兼备""德高望重"作为交际、干事的信奉和做人、用人的标杆，在市场经济高速发展的当今时代，道德品行更凸显出其在社会生活中的重要地位和作用。

　　育人先育德。德育是培养孩子们成人和成才必不可少的内容。做好德育工作，做好班主任管理工作，既是职责，也是使命，更是生命与职业的追求。在我看来，德育是潜移默化的发展，是耳濡目染的引导，是心灵浸润的培育，是润物无声的成长，更是暗香满盈的幸福。从德育出发，让每一个孩子得到尊重，让每一个班级充满活力，让每一个学生都找到人生的方向。

　　德育是潜移默化的过程。作为教师，就是要用自己的爱心，用自己的勤劳与汗水，用自己的智慧与认知，通过和风细雨的工作，经过一丝不苟的引导和启发，一步一步地引领孩子们成长。每一个孩子都是一颗幼苗，或是含苞待放的小花蕾，充满着生命的活力和青春的气息。孩子们的成长变化似乎很快，快到一瞬间他们就长大成人了；孩子们的成长变化似乎又很慢，慢到你在日常中几乎难以感觉到变化。这就同其他事物一样存在差异性和不确定性，但不管快或慢，孩子们作为独立鲜活的生命，他们时刻都在成长着，不曾停息。因此，像对待幼苗一样时刻关心呵护他们，像对待花蕾一样时刻注视洞察他们，是每个教师的职责所在。我，一名教师，为了做好德育引导，做个护花使者也在所不辞。

德育需要耳濡目染。教师被称为人类灵魂的"工程师"，得到全社会的尊重。因此，教师更要为人师表，当好表率。所谓"身正为范"，教师是孩子们的榜样，也是孩子们的偶像。教师的一言一行都会对孩子们产生深远的影响。教师的品质、教师的言谈、教师的气质和行为，都会映射在孩子们的眼中，甚至会印入孩子们的心中。孩子们的健康成长与老师的形象和品行息息相关，正所谓"名师出高徒"。在不少孩子的人生成长之路上，都会有一个或几个影响颇深的老师，用他们的品德修养来引导孩子成长，成为孩子受益终身的财富。我，希望成为这样的老师。

德育是心灵的浸润。初中生处于青春期，他们敏感而自尊，"叛逆"且自信，他们的生命充满了张力，他们的心灵却又脆弱而青涩。他们对未来充满憧憬，对社会充满好奇，却又对人生走向的选择充满迷茫。在这个时候，特别需要"高人指点迷津，破解困局"，作为班主任，作为教师，要用心来爱护每一个学生，不仅要关注他们的生活，还要关注他们的学习，更要关注他们的心理健康。通过关爱的浸润，经过心灵的融通，在相互了解中寻找破局的"金钥匙"。我愿意成为孩子们的朋友，我想与孩子们在心灵层面沟通，培养他们自尊、自信与自爱的心理品质。生命是美好的，生命之美好在于心灵。保护每一个孩子的心灵，引导心灵追求真善美的未来。我，是愿意并尽力而为的。

德育是润物细无声的。社会用美好的语言来赞美教师，因为教师是一份需要奉献精神的职业。当孩子们慢慢长大，教师却已经两鬓斑白，看着孩子们展翅飞翔，教师露出了欣慰的笑容。教师的付出在于细节，德育工作是一项烦琐且具体的工作。尤其是班主任，对班级管理、学生教育工作的付出是默默无闻的，然而却润泽了学生的心田，使他们健康成长，让他们感受到生命的温暖。三千桃李，教师则静静地化作那护花的春泥，默默欣赏着枝头的硕果，分享着丰收的喜悦。我，默默的付出是值得的。

德育是暗香满盈的幸福。默默地经营，默默地呵护，幼苗已成长，花蕾已绽放。看着孩子们一个个成长，我心中充满幸福。他们将升入高一级的学校求学，未来他们还会走向社会，成为中国特色社会主义事业的接班人。桃李的馨香还悄悄地飘荡在校园，教育的暗香还静静地充盈着教室，浸润着每一位教师的心田。若说教师有什么共同的愿望，那就是祝愿孩子们未来过上幸福美好的生活，做一个对社会有益、有贡献的有用之才。教育已经融入我的生命，德育是我追寻教育梦想的路径。我，在这一刻是幸福的。

我爱护每一个孩子，因为我认为每个孩子都是一个独立美好的生命，他们的未来具有无限的可能性，我的职责就是引领他们成长。我深爱教育事业，更深爱我的学生。我愿以教育为契机，以德育为舞台，继续我的逐梦之旅。

不一样的德育方法，一样的德育追求与梦想。这是我在德育工作中的点滴做法和体会，但它毕竟是漫漫长路中的一些尝试，认识是肤浅的，做法是简单的。相信我的同行们会做得更好。不管怎样，我愿以此书作为我对教育事业与德育工作的忠诚与回顾，作为与关心爱好支持德育的工作者和读者的共勉吧！值此，我谨向一贯以来关心支持我做好教育工作的领导、同事和朋友们表示衷心的感谢！

朱叶梅

C目录
ONTENTS

第一章
德育素描

初中生德育是一个潜移默化的过程，通过德育教育，学生不仅会养成良好的个人认知与行为品德，同时也会对社会保持一种友善的态度。初中班主任要想做好德育工作，需要采用潜移默化的方式来推进。

第一节　新课改　新德育

德育是一个系统工程，有鉴于此，要注重德育的序列性、针对性、预见性和实践性，即德育工作科学化，尤其是在新课改背景下，德育呈现出其重要性以及新的特征。

一、中学生加强德育的必要性

一个人的整体评价并不是仅仅局限于成就，同样，学生的优秀与否也不仅仅是通过试卷或者分数进行评估的。在现代社会的发展中，并不是成就高的人就一定是优秀的人，细究其本质，德行优秀的人少之又少。因此，对学生进行及早的德育教育是十分重要的。在初中阶段，对学生进行德育教育具有积极意义，相比于智力教育，对其进行德行教育，有利于整体素质的提高。学生缺失德育教育，会造成人格缺陷，不利于其生理以及心理健康发展，导致社会缺少全面发展的人才。因此，对学生进行德行教育具有积极意义。

相较于其他阶段，学生处于初中阶段时会较为迷茫，与大学阶段工作就业时的迷茫相比程度较深，因此如果初中生无法走出这种困境，则会造成十分严重的后果。在初中阶段，学生的人格逐渐形成，这是学生的黄金时期。因此在学习和生活过程中需要正确以及相对高度的教育理念对其进行指导，为其指点迷津，帮助其塑造较为健康和积极的人格。在这一过程中，家长和教师需要共同努力，家长进行相应的配合，学校发挥主要影响。学生产生负面人格的主要原因是在学校中的待遇让其产生了不公平的想法，从而产生了相应的厌学情绪，导致其辍学，因此，在学生的初中阶段进行德育教育是十分重要的。

德育在初中教育中占据着十分重要的位置，具有源远流长的历史，在历史长河中，德育始终是重要教育内容，这也从侧面表明了德育的重要性。教育对国家的发展具有重要作用，不同教育思想以及教育理念的使用对学生的个人素质发展是十分重要的。在大多数的教育理念中，德育都占据了一定的比例，因此教育与德育是相辅相成的，并且在整体教育中，德育占据着首要位置。

二、当前初中德育的现状和存在的问题

（一）缺乏良好的德育氛围

在当前中小学教育中，学生面临着严重的升学压力，这在很大程度上是受到当前教育氛围的影响。随着我国科学技术的不断发展，学校还是以过度严谨的学科分数和成绩来评判教学的成效。例如，在当今的知识时代，人们越来越重视学生的学习成绩，评判学生在学校学习怎么样、分数考多少、以后步入社会会有什么好的发展前途、会给社会带来什么经济效益，甚至成了评判一个人的核心标准，这样一来，学校就渐渐淡化和忽视了德育工作，有的甚至把德育

推向了教育工作的边缘，德育工作的地位得不到肯定，自然教育工作者对德育工作的态度就变得消极了。

（二）缺乏家庭、学校和社会的合力

德育工作要求"以学校教育为主体，以社会教育为信托，以家庭教育为基础"的"三位一体"教育模式，逐渐形成学校、家庭、社会共同参与的德育工作格局。但这只是一个美好规划，在实际工作中，家校认识存在偏差，合作协调还是十分乏力。本来，在现代教育中，父母是孩子的第一任教师，家庭是孩子成长过程中重要的场所。但许多家长却认为把孩子送到学校，教师和学校就要把孩子教育好，各个方面都要学校来监督、负责，这样一来就忽视了家庭和社会对于孩子教育的重要性。例如，有一些学生由于学校和家庭中的教育差距太大，在学校里知道尊敬师长、团结同学，但是一回到家里就衣来伸手、饭来张口；在学校里知道忍让小朋友，和同学间团结友爱，但回到家里却不能照顾好自己的弟弟妹妹。这些孩子在家庭中的缺陷，很多家长往往都把责任归咎于学校教师。

（三）德育知识匮乏，管理模式落后

随着我国教育改革的不断推进，德育已成为初中教学的重要组成部分，但大多数乡镇学校的德育工作知识匮乏，管理模式比较落后，缺乏针对性和科学性，使德育管理流于形式，不仅影响了学生的全面发展，忽视了学生的个体差异，还极大地挫伤了学生的自尊，使学生产生消极心理，从而影响了班级德育管理的发展。

（四）德育评价体系不完善，管理缺少针对性

在初中德育管理中，大多数乡镇初中只注重培养学生的理论道德知识，缺

乏一套行之有效的、制度化的工作模式，忽视了对学生是否形成正确的道德观念、道德行为的检查。这也使得教师对学生的道德教育水平不了解，导致教师在课堂上盲目地进行道德教育管理，从而影响学生形成正确的道德观念。

（五）乡镇初中德育活动枯燥乏味

受应试教育理念的限制，大多数教师不但课程教学任务繁重，而且要应付各种检查工作，导致在德育方面很少开展活动，仅仅依靠单纯的灌输式理论传授德育知识，使得学生无法得到应有的道德教育。

（六）家庭德育环境不利于初中生德育水平的提升

家庭是学生成长的重要环境，家长的言行对学生的言行和价值观有着潜移默化的影响。乡镇学校的学生不少来自农村，他们的家长大多淳朴、善良，对学校和老师有着深厚的感情，也有着望子成龙，希望孩子通过学习考上理想学校、找到理想工作以改变家中状况的强烈愿望。但也有相当一部分家长自身素质较低，不懂得如何去教育自己的孩子，在不良的言行举止中对孩子的成长造成负面影响，影响了学生的成长和学校的教育实效。

（七）行动跟不上意识

学校对学生的德育教育已经有了一定的重视，并且坚持以德育为核心进行学校教育，教书育人、管理育人、服务育人的意识在学校逐渐形成，但也仅仅是意识上的到位，在行动上还没有完全到位。主要表现在规划不到位、制度不到位、管理不到位等。

（八）德育队伍参与度不高

德育队伍是强调全体教职工共同参与的，但是现实中却没有落实到位。在学校的德育工作中，实际上只有德育干部和班主任在进行德育工作。班主任需要管理好本班的学生，忙于应付班级量化考核，有时候会忽略了德育工作，对一些学生存在的不良习惯来不及采取行之有效的措施进行教育和纠正，无意中助长了这些不良之风的存在和发展。而政教处负责学生的思想教育和心理健康，常常也只是表面工作。虽然学校的制度在不断进行规范，但是在具体管理的过程中还存在着许多缺陷和漏洞，需要我们在工作中加大力度，加以完善。

三、新课改背景下推动初中德育的有效手段

（一）重视家长会的作用

在实际班级管理中，班主任需要注意早会以及家长会的应用，积极开展德育对学生进行良好的教育渲染。早会的时间基本上是 10 分钟，在这一过程中，可以让学生讲述自己亲身经历的生活中、校园里或者社会上的事情，提出自己的看法，通过这一方式进行有效的讨论。在这一过程中，教师可以根据学生讲述的事情对其进行针对性的德育。通过这种方式，可以解决学生日常生活中的困惑，对学生进行有效的德育；学生在 10 分钟的时间里也可以树立正确的价值观，教师进而引导学生建立正确的价值取向，初步确立起正确的人生观和奋斗目标。

家长会的召开时间控制在每个月一次，对学生的在校情况进行分析通报。平时要与家长建立有效的联系沟通途径，可以建立家长委员会，与家长进行适当的沟通和交流，增进对学生思想动向的了解。青春发育期是孩子们人生成长和思想转化的关键期，其初中阶段的学习是十分重要的，因为此时学生思维幼稚，对社会的认识和理解较为单一，稍不注意就极易产生相应的错觉和叛逆心理，如果不适时进行正确的引导和纠正，就容易对学生产生不良的影响。因

此，教师需要与家长进行密切的沟通，随时掌握好学生的心理变化和思想状况，并有的放矢地对学生的具体问题进行行之有效的解决。

（二）互相交流模式下实现互补成长

三人行，必有我师焉。因此学生在学习过程中应该取长补短，教师需要使用有效措施，引导学生进行互帮互助。教师在对学生进行教育的过程中，需要及时发现学生的闪光点，引导学生互帮互助。积极树立榜样，榜样的力量是巨大的，因此，教师需要帮助学生树立楷模，积极号召学生进行学习。教师可以采用结对的形式，在学生审视自己、认识自己的过程中，同时对其他人的言行进行审视，并且在不断的对照以及体验过程中，实现人格的塑造，积极完善自身的审美观、人生观以及价值观。例如，某许姓学生，七岁那年，父母离异，父亲再娶，继母还带来一个比他小几个月读同年级的弟弟。许同学怎么也融入不了新家庭，于是住到爷爷奶奶家，爷爷奶奶的溺爱、父母之爱的缺失，使他渐渐失去自我，厌学、逃课、打架……一副破罐子破摔的样子，成绩自然惨不忍睹，小学阶段谁都认为他无可救药了。上初中后，他被编进我班，一开始，他天天惹是生非，科任老师、同学多次向我告状。多次教育无果后，我也心灰意冷，觉得自己已经尽了心力，既然不思进取，那就混个毕业吧。一次，我发现他在校服上画了一只猫，我很是生气，批评教育了他一番，他仍然一副无所谓的样子。我突然发现这只猫画得极美，栩栩如生，于是对他说："把这只猫从你衣服上赶下来，我喜欢猫，送给我，让我养！"他先是疑惑地看着我，然后很快就明白了我话里的意思，得意地扬起了头。我没再批评他，而是直接让他回去了。国庆节快到了，学校布置出黑板报，我马上想到了他，于是我让他负责出黑板报。一开始他拒绝了我，说："我从没出过黑板报，也不会出，别找我！"于是我故意让班里一个画得很差的学生去出黑板报，他一看，就在旁边说风凉话："画的什么呀，像丑八怪！"我故意激他："有本事你来呀！给班级拿个第一名，那才叫厉害呢！""来就来，谁怕谁呀！"激将法成功！后来，在学校评比中，我班果然取得了第一名的好成绩！我在班级里表扬了他，并让他上台去领学校发的奖状。捧着奖状，他的眼里开始有了一丝暖意。后来班级里黑板报这一块他主动承包了，因为画得好，黑板报屡屡得奖，班级同学也对他赞赏有加。慢慢地，他的自信心上来了，脸上开始有了笑容。现在，虽说由于基础差成绩依然不尽如人意，但他已然是一个阳光开朗的孩子了。

（三）制订完善的班级管理措施

没有规矩不成方圆，因此班级的管理也需要相应的管理制度予以支持。中学生的教育需要有相应的管制措施，班主任可以在班级内设置评价表，在提出问题时，学生可以结合自己的意见提出具有本人特色的解决措施，通过相应的道德行为规范，建立具有本班特色的评价表。学生在这一过程中可以自评或者互相评价，教师也可以对学生的行为进行评价，在召开家长会时，根据评价结果对学生行为进行评级，对家长予以反馈，实时记录。通过这一方式，对学生的特色解决措施进行表扬，积极引导学生形成正确的价值导向，提升学生的德育水平，在日常生活中也要实时渗透德育，潜移默化地对学生的素质全面予以提高。

（四）了解探索德育教学的规律特点

1. 序列性

初中阶段的德育，主要以爱国主义教育为核心，对学生进行理想教育和遵纪守法教育、良好的个性心理品质教育、劳动教育、道德教育、集体主义教育以及感恩教育与职业素养教育。

2. 针对性

首先，要随着大环境经济、政治形势发展进行形势任务和时事政策的教育，比如，进行构建和谐社会、科学发展观的教育等；其次，要结合学校当前中心工作进行德育，比如，通过朗诵经典、课前励志进行传统文化和传统文明的教育等；最后，要根据学生思想、意识、行动变化的实际情况，进行有的放矢的教育。

3．预见性

对学生即将产生的思想、意识、行为提前一段时间进行引导教育。比如学生即将参加学校开展的体育运动会，我们就要预先对学生进行集体主义教育，鼓励学生努力拼搏、团结互助，发扬团队精神，为集体力争荣誉，同时不要忘了进行纪律、安全教育和体育卫生教育。中学生正处于青春发育期，更要进行有预见性的教育。现在孩子的青春发育期较以前的孩子提前了1~2年，且孩子们的身体发育比心理发育快，要适时对他们进行生理卫生和心理健康指导，以消除其成长的困惑、烦恼和躁动。

4．实践性

良好的行为习惯、思想品质以及道德涵养都是在实践中养成、锤炼并牢固的。在德育中，要根据学生不同年龄段的特征，指导其参加自我服务性劳动、家庭劳动、公益劳动；还可以组织学生参加社会服务、军训实践活动，组织学生参观、访问、远足、社会调查等活动。让学生在实践中接受德育是形成良好德育品质的重要途径之一。

（五）健全德育工作领导体系，推动德育工作层层推进

以学校为主要的德育工作落实中心，从合理划分工作责任、完善责任人任务开始，对德育工作进行分级管理、分类考核，有利于提高德育工作管理的效率。在此机制中，校长、副校长要做好组织工作，明确目标任务，合理安排人员，落实工作责任；教导主任要积极配合上级的指示，做好与下一级的联系与指示转达工作，在上下级之间发挥相互沟通和加强督促落实的作用；政教主任

要充分结合不同年级学生的实际情况、生活需要、学习特点等，联合团委、少先队干部设计和组织科学有效的思想教育活动，不断拓宽德育工作视野，创新德育管理工作思路；班主任老师则要守好德育工作管理的最后一道防线，面向自己的学生将工作任务细化，使之更加适应班级发展的状况，同时积极联合其他科任教师，在教学中有效渗透德育思想，使德育工作形成一个上下联动、多方配合、责任明确、任务落实的新格局。只有这样，学生才能真正实现在学习中不断进步，在管理中茁壮成长，从而不断提高德育工作的效果。

（六）围绕典型案例或者代表性的事物现象开展辩论互动

德育教学活动的开展，通常是借助具有代表性的事例来进行的。比如说社会公德心，有时候我们要为他人着想，有时候我们又需要相互体谅，那么，怎么平衡这方面的关系呢？老师举了这样一个例子：某小区广场有一批广场舞爱好者，他们的舞蹈观赏性不错，很受欢迎，成为了小区的一个特色，但周围的住户却对他们非常排斥，甚至出现了向他们扔垃圾等情况。那么，到底双方的做法对不对呢？应该如何处理这件事呢？

老师提出问题，让同学们进行讨论。有的同学认为，广场舞虽然观赏性很好，但干扰周围的住户，那就是不可取的行为；也有的同学认为，小区住户在自己小区的广场跳舞，还是可以的，外来人员跳舞不合适；还有的同学认为，其他住户扔垃圾的行为也是无奈之举，情有可原。

同学们的讨论也许未必都对，但相互讨论辩论的过程就相当于在转换视角看问题，可以帮助同学们拓展视野的广度和思路的深度，这对避免学生出现极端心理和某种偏见，保持理性客观的认知和换位思考的习惯，也是有积极作用的。

（七）感性教学与理性教学的结合与转化

无论是人生的哪个阶段，人都是感性与理性相统一的动物。感性教学能够让学生更为直接地感受到优秀品德素质的魅力，因此，教师可以从感性教学的角度对学生进行善诱善导，感受启发，传染影响，以达到德育教学的目的。比如，教师可以侧重于民族自豪感、爱国主义思想教育、集体主义教育等。中国历史泱泱上下五千年，爱国主义英雄层出不穷，首先，教师可以通过讲述其故事为学生爱国主义的教学增添感性色彩；其次，教师也可以通过 PPT 展示祖国的大好河山与壮丽景色，回顾昨日中国的百年沉沦，畅谈今日祖国的繁荣富强，从而培养学生的民族自豪感和爱国情怀。

在学生逐渐成长的过程中，教师的教学方式也要随之进行改变。在初中后一阶段的德育教学中，学生经过了系统的教学，知识面有了一定的拓宽，对事物的分析能力也有了一定的见解，对事物的感知也从感性的认识逐步上升到理性的认识。因此，教师不能一直沿用之前的感性教育，而是要做到二者有机结合，重点要利用感性教育体现理性教育，理性教育重点是对事物进行深入的探讨及分析，这也是高中及大学重点的教学目标，对于初中后半段的学生来说，运用感性教学与理性教学相结合的方式能够在提供知识教学方式的基础上加深德育，做到深化知识的同时提升学生的道德素养，提高和巩固学生的道德水平。

（八）营造浓厚的德育工作氛围

为了提高德育工作效果，在做好以上各方面工作的同时，还必须结合当地和本校的实际，制订出更接近学生生活，更贴近现实情况，更切合工作重点的中学生日常生活行为准则，才能形成更好的德育工作氛围，推动德育工作的顺利开展。例如，我们秉承历史上先进的教育思想和德育理念，根据《三字经》，制订了《行为习惯三字经》，要求学生牢记并共同遵守，其内容如下：

行为习惯三字经

心向阳，气轩昂。新少年，要自强。
立大志，做栋梁。德为先，记心上。
好习惯，是存折。取不尽，用不竭。
坏习惯，是债务。还不清，累到老。

晨早起，理床褥。搞内务，要迅速。
衣物整，地板净。无异味，多温馨。
穿鞋袜，整衣冠。勤洗换，仪表端。
垃圾纸，勿乱扔。爱环境，洁心灵。

进教室，切莫迟。惜光阴，早读书。
上课了，快齐静。老师讲，留心听。
自习课，不喧哗。不越位，不扰他。
做作业，要认真。勤复习，考高分。

进饭堂，有秩序。取饭菜，要排队。
取饭汤，勿太多。够食饱，最稳妥。
剩余饭，不乱倒。盘中餐，多辛劳。
节水电，爱公物。静修身，俭养德。

反哺义，跪乳恩。孝之道，记在心。
家务事，乐担承。洗碗筷，扫门庭。
亲有教，儿恭听。做错事，即改正。
父母老，勿嫌弃。勤照料，细护理。

求学者，念师恩。解惆怅，点迷津。

受表扬，要戒骄。挨批评，莫记恨。

良药苦，能治病。打针痛，为救人。

师生情，需珍惜。报春晖，寸草心。

倡和谐，敬长老。遇老师，问声好。

到楼梯，勿拥挤。让一让，无问题。

远坏人，结良友。见弱者，伸援手。

助人乐，爱心献。常微笑，人人甜。

遇无礼，莫斗气。热问题，冷处理。

良言出，冬亦温。恶语吐，箭穿心。

己不欲，勿施人。玩火者，必自焚。

忍一时，风浪静。退一步，慰二命。

青少年，行莫差。陷网瘾，等泥沙。

一失足，千古恨。再回首，百年春。

如囊萤，如映雪。家虽贫，学不辍。

天酬勤，艺酬心。好习惯，胜万金。

四、初中德育教学推进途径

（一）拓展德育教学主体

初中阶段的德育关系到学生能否正确地树立三观。家长和社会成员都应该参与到初中学生德育中来，因为德育的培养不仅是学校教师的责任，更是全社会的责任。德育工作者要把工作贯穿各个环节，学校可以定期让家长及孩子共同参加一些活动，帮助家长了解孩子在学校的情况；学校也可以和家长展开联系，向家长及时地反馈孩子在学校的行为情况，保持家长与学校的教育一致。学校与家长经常保持联系，可以帮助教师及时地了解学生在家庭中的生活细节。在当今社会中，一般学生父母外出打工的情况比较多，因此留守儿童需要特别关注，他们正是长身体、长知识的阶段，教师可以和家长长期保持电话或短信联系，帮助家长了解孩子在学校的情况。另外，学校还可以定期开展一些小活动，比如，演出、竞赛等，让学生在潜意识里树立正确的三观，培养学生努力创新、积极的生活态度。

学生的德育一直以来都是初中教育过程中最为重要的一环，德育工作开展的好坏直接影响着初中学生未来生存和发展的好坏。因此，我们的教师在针对学生开展德育工作时，需要从自身的德育观念入手，通过不断革新自己的教育观念，启发学生的德育意识，进而实现初中德育的优化和进步。例如：教师可以让班级中学习成绩优秀和日常行为规范的学生发挥模范带头作用，在学习和生活中时刻引领着其他学生，让其他学生以他们为榜样并作为自己学习和展开竞争的目标，进而引发其他学生的学习动力。此外，教师还可以适当利用激励的方式来激发学生的学习兴致，达成初中德育优化这一目标。

（二）丰富德育教学内容

德育除了规定学生应具备基本的思想政治教育、社会公德、规范教育之外，还包括学生的个性心理素质和能力的培养。因此，德育的创新还需要将学生的创新意识、保护自然、珍爱生命、敢于拼搏等列入德育的体系中。随着现在科技不断发展、网络技术不断推进，还应该把增强学生对不良信息的抵制能力，不发布不健康的信息融入德育的教学内容。

要想保证德育在新课标教育背景下发挥作用，教师就需要让教学内容符合学生的需求。教师在开展德育工作时，不仅需要考虑学生的年龄特点、认知能力等，而且需要保证德育工作的有效性。在日常班级生活中，初中教师需要培养学生交流和维护生活权益等能力，进而养成良好的生活意识及习惯，让学生在环境的熏陶中健全人格。此外，教师还需要和家长建立联系。家长是学生的第一任老师，在学生成长的过程中有着引导作用，所以，初中教师在进行德育时需要和家长进行有效联系，通过家访、微信、电话等方式定期开展家长会，向学生家长普及新课标教学政策，使家长减少对学生课余时间的占用，为学生打造轻松的学习氛围，防止学生压力过大。教师和家长的有效联系，如建立微信群、增加家访日等，通过双方有效的沟通来了解学生在家中与学校的表现，进而制订具有针对性的德育教学方案，这样就可以帮助学生更好地成长，促进学生人格的不断完善。

（三）创新德育教学方式

对于德育教育，这并不是一朝一夕就可以改变学生的，教师也不能急于求成，它是一个长期积累的过程，教师要改变单一的教学模式，不能只是给学生单一地灌输这种思想，让学生对德育教育产生厌烦心理，教师可以在创新的基础上从各种途径渗透德育教育，从整体上促进学生思想道德水平的发展。学生是学习的主体，学生的德育结果直接关系到其学习过程和接受能力。因此，有意识地培养学生的创新思维，开展德育尤为重要，学校可以通过多种途径来帮助学生提高兴趣，增加学生之间的互动和交流；教师可以在学校中多鼓励学生创新，开展一些主体性的活动。例如，教师可以组织学生参加一些工作的调研，让学生提早了解各行各业的工作内容，发掘自己，了解自身的兴趣并进行品质培养。德育工作还包括一些节日的交流与教育，如在植树节鼓励学生做一些保护环境、植树造林的宣传；端午节培养学生的爱国之心和忧国忧民的情怀，激励学生奋发向上的精神。

（四）选择合适的德育方法

信息技术在初中教育中的广泛应用和发展，为初中德育工作的开展提供了强有力的技术支持。在初中德育工作开展的过程中，把握好信息技术的诸多优势条件，通过加快德育的信息化建设，提高信息技术在初中德育工作中的实际运用能力，对于提高学生的德育素质有着极为重要的作用。因此，教师在教学过程中需要不断改进德育模式，依靠信息技术的教学手段和交流方式，实现初中德育的合理优化和发展。

比如：教师在开展德育工作时，可以利用信息技术的资源整合优势，在网上搜集其他教师在开展德育工作中所积累的一些教育经验和教育案例，通过借鉴和学习这些教育经验来提高自己德育工作的水平。同时，教师还可以在网上下载一些能够培养学生德育观念的视频，然后把这些视频分享给学生，进而提高学生的德育意识，促进学生的健康发展。

此外，教师还可以利用信息技术的交互性优势，运用 QQ、微信等交流手段，创建一个家长群，然后把所有学生的家长拉入群中，就学生的学习情况及时与家长进行沟通和联系。利用信息化的教学手段，不仅能够让学生踊跃地加入德育的学习当中，而且方便家长和教师之间及时联系，实现家庭和学校的同步教育。

教师常用德育方法如下：

1. 教育说服法

教育说服法是德育方法之一，它通过"思维感知"，纠正错误的道德价值观和指导道德行为来启发和引导学生自觉遵守社会道德行为守则。现代心理学认为，"只有当学生感到满足和真诚时，教师理解的真理和要求才能转化为学生的道德要求，然后创造道德动机来促进道德行为"。因此，如果学生无法理解和接受教师讲授的原则，压抑和强迫不仅达不到预期的教育效果，而且会产生负面影响。因此，说服教育的方法显得更加必要和重要。在教育中有说服力的方法很多，例如，专题课、思想道德课、座谈会等。

2. 情感教育

积极的情绪和高昂的士气是构成良好道德的重要因素。因此，营造强烈的情感色彩教育场景，使学生受到特殊道德场景的影响，从而培养情绪和自我教育，这不仅是道德教育的重要内容，而且是一种有效的德育方法。

中学生的学习和活动主要在学校和教室进行，他们的许多道德理解是在学校和教室中形成的。因此，学校精神和课堂风格是一种特殊而典型的道德环境，是学生教育中异常活跃的因素。这将对学生的思想观念、道德情绪和行为习惯产生直接而深远的影响。因此，对于一名初中校长来说，他能否努力指导学生营造良好的课堂氛围与他能否创造健康的道德环境来培养学生的士气有关。在发展课堂风格的实践中，良好的课堂风格可以为整个课堂营造强烈而令人兴奋的氛围。出色的课堂风格可以对情境教育产生全面影响，并促使学生受到大量无形的德育"渗透"，学生自然会接受其滋养、感染和同化，引起情感共鸣，不由自主地接受其"指示"，以达到"养育身体、自我成长、增强情感"的目的。良好的课堂风格对教育产生如此大的影响，是因为在良好的道德环境中进行教育，学生可以树立明确的是非标准，并可以区分美丽与丑陋、善良与邪恶、荣誉与耻辱；同时，在这种良好的道德氛围下，健康而公正的集体舆论，对每个学生都有一定的威慑作用。根据如此健康的舆论，学生的道德行为可以不断扩展和延续，错误的道德行为可能受到谴责、压制甚至消除。

3. 练习法

学生道德的发展，无论是道德意识的提高，还是道德情感的提升、道德意志的实施、道德行为的掌握和道德习惯的形成，都离不开各种实践活动。良好的学生士气不仅需要在各种实践活动中形成，而且需要通过不断丰富和深化实践活动而得到改善和提高。同时，初中生充满活力、朝气、活跃、好奇和积极性，各种内容丰富、形式多样的实践活动特别适合他们的兴趣爱好，可以满足他们的多样化需求。在实践中，我还使用了很多动手教学方法以及各种场景，并要求学生采取他们认为对特定主题有效且合乎道德的措施，然后通过讨论将它们添加到集体讨论方法中，收获了不错的教育效果。

4．模仿榜样

模仿榜样是一种教育方法，鼓励学生模仿英雄和其他高级人物的思想、言语和行为，以促进良好道德的养成。班主任不仅是人类文化和科学知识的传播者，而且是学生生活道路的指南。班主任的思想、道德、言行都会对学生产生微妙的影响。在学生看来，教师是最直接的例子。为了充分发挥我的作用，作为班主任，我必须首先自己做。一方面，我教学生道德；另一方面，我试图加强自身的道德教育，努力成为一个高尚的人。在与学生打交道时，我们必须严格要求自己，在每个地方树立榜样，强调言语和教学一致，并通过我们自己进行教学，努力成为对学生进行道德教育的榜样。知识、情感和行为既相互关联又相互影响、刺激和转化。一般而言，"知识"的发展是基础，"行动"的执行是关键和标志，"情感"充当媒介和"催化剂"。因此，必须培养学生的思想道德素质，"用思想启迪，用情感带动，用行动引领，坚持不懈"，以促进这四个要素的统一，和谐发展。

（五）创设良好的德育氛围

初中德育管理人员要定期在校园内部开展德育活动，积极努力地引导每一名学生参与到各项德育活动当中，同时还要随机选出一部分学生说出自己对于此次活动的感想以及意见，然后依照学生的意见对下一次活动的形式进行调整，这样不仅可以有效地创造出良好的德育校园氛围，同时还可以极大地满足学生的德育学习需求。

（六）重视实践德育活动开展

新课程改革指出，初中的教育必须重视对学生的德育教育，而德育工作的顺利开展又离不开对学生进行实践教育，想要实现初中德育的优化和发展，就必须革新德育形式，依靠具体的实践活动来强化德育工作。我们教师在教学过程当中，可以适当地开展一些具体的教学实践活动来提高学生的德育意识。比如，教师可以在清明节这天组织班级的学生去烈士陵园扫墓，在活动进行时，还可以适当地讲述一些具有爱国主义色彩的烈士故事。通过这次扫墓活动，不仅能够让学生积极主动地加入德育的学习中去，引发学生的德育意识，而且能够让学生在活动中感受烈士的伟大，进而引发学生缅怀先烈的爱国主义情怀。

在信息技术发达的背景下，教师可以通过微课制订活动素材和活动方案，便于各种德育实践活动的组织与开展。如辩论会、情景表演等，通过微课视频，不仅可以让学生更好地了解实践活动目的与实践活动内容，还可以引起学生兴趣，进而提高学生参与的积极性与主动性。在开展实践活动时，教师需要充分结合学生的生活经验，选择学生感兴趣或者是身边的实例作为实践活动主题，在文字方案的基础上加上观看视频短片，可以让学生更好地参与进来。在实践活动中，教师还可以选择具有教育意义的热点内容和新闻事实，让学生感受到时代发展的变化以及历史的底蕴。

此外，教师可以通过微课视频展示学生在实践活动中的花絮，增强学生的体验感，学生也可以通过视频反思活动中自己的不足，从而更好地督促学生下次做得更好。教师也可以通过微课视频向学生展示表现好的学生的视频，进而起到示范作用，提高学生对实践活动的重视程度，进一步提高实践活动对学生的影响与作用。因为德育教学没有固定的教材作为基础，所以教师就需要利用互联网进行辅助教学，再结合学生的认知特点与实际能力开展教学，保证德育教学的目标得以实现。在初中课程教学中融合德育内容，不但可以丰富教学内容，而且可以满足社会对学生的要求，同时可以让学生的求知欲得到满足。

（七）提高教师的人格魅力

学生接触最多的人就是教师，教师的言行举止在潜移默化当中就会对学生产生影响。所以，教师自身需要有正确的"三观"，有良好的责任意识，从而通过自己的言行举止带给学生正面的影响。初中时期的学生本身就有较强的攀比心，而有些攀比却是不良性质的，如服装、手机等，这时就需要教师在发现问题后给予及时的引导，帮助学生树立正确的心态，避免学生被其他事情所影响。教师只有自己能做到、能做好，才能去要求学生这样做，不然只会适得其反，让学生认为教师在骗自己，进而产生信任危机。特别是教师自身的素质对学生有着直接的影响，如果教师素质高，那么学生在教师的鞭策下就会自然而然地养成良好的品格，往更高方向去发展；如果教师自身素质不高，那么很有可能导致学生有样学样，从而形成不好的品质，因此，教师自身高素质的人格魅力十分重要。

同时，教师还需要构建良好的师生关系。要想有效开展德育工作，初中教师就需要充分尊重学生，维护学生的自尊心，理解学生的想法。教师需要明白，学生是完整的个体，只有改变自己对学生的刻板印象，才能提高德育工作质量。另外，在日常班级管理中，教师需要多和学生沟通，了解学生内心的想法，帮助学生解决问题。这样学生才能接受教师，并成为朋友，从而共同构建良好的班级关系。在班级中教师需要公正、平等地对待每位学生，充分尊重学生之间的个性化差异，在学生犯错时耐心听取学生的原因，帮助学生纠正错误，促进学生健康成长。比如，在进行德育工作时，教师需要走近学生，和学生进行交流，鼓励学生表达自己的想法，这样才能保证德育工作的实施。

（八）运用生活实例进行德育

初中教师比学生的阅历更多、更广，所以在进行教学时，教师可以将自己亲身经历或者学生熟悉的案例加入教学中开展德育。例如，社会上新发生的事件以及新闻，教师可以找到相关视频进行播放；教师可以邀请优秀毕业生向学生讲解自己的经历以及体会；教师还可以通过国庆节、端午节等对学生实施爱国教育等。通过身边的真实生活案例增强对学生的感染以及认同，帮助学生改变心态以及人格，在学生日常的教学中实施德育，在潜移默化中影响学生，让德育变得切实可行。

第二节　爱职业　爱学生

爱花者总说：花儿真美，花儿真香，有美的神韵，也香得怡人。学生亦如园中之花，圃中之苗。好学生品学兼优，让人神驰，使人心醉；学困生犹如缺乏营养的弱苗，缺少关爱的孤儿，令人同情、怜悯。作为班主任，应全面管好自己的园中之花，圃中之苗，绝不能厚此薄彼，爱优嫌劣。公平地对待每一位学生，用爱心浇灌学生的心田，是做好班主任工作的根本。

一、爱是班主任工作的要求

（一）爱使师生成为知己

要想成为一个奋发向上、积极进取的先进班集体，班主任对学生的爱是基础，也是前提，因为真诚的爱是人与人之间情感沟通的桥梁。老师只有真心实意地爱学生，用爱心打开学生的心灵之窗，学生才会把老师当成知己，才会和你说心里话，也只有这样，老师才能真正掌握教育学生和管理班级的主动权，这是我多年来当班主任的深切体会。在日常的教育管理中，要想真正做到爱每一位学生，班主任首先要做学生的楷模，用自己的言传身教来影响带动学生。为此，我几乎每天从早到晚都置身于学生中间，清晨我总要早早赶到学校和学生一起晨读；早操，我一定和学生一起跑步、做操；早读我会跟学生一起读书；晚自习我必到教室转一转；就寝时，我还要到宿舍催一催。我总觉得，学生就像自己的孩子一样。父母不在身边，我不仅要尽老师的责任，也要尽父母的职责。因此，即使是周末，我也要问问学生是否外出；我常常在梦中还叫着学生的名字……我想，班主任就应该如此，对学生整天牵肠挂肚，为他们呕心沥血，日夜操劳。

（二）把爱的阳光洒在学困生身上

在一个班集体中，总会有优秀生、中等生和学困生。班主任不但要鼓励优秀生冒尖儿，促进中等生争先，更要帮助学困生赶上。我认为，班主任的工作更要着眼于学困生，尊重他们，并热爱他们。我刚接手班主任时，班上有个学生较懒散，学习不努力，纪律性较差，且性格内向，在班级中没有朋友，独来独往，非常孤独。我就对他投入较多感情，努力发现他的闪光点，尽量做到多体贴、多表扬、多照顾。小到吃饭、睡觉、加减衣服，大到参加学校活动、个人前途、班级荣誉等，我常提醒他，给他以关爱。他当值日生时，无论是打扫教室、整理宿舍，还是清扫院落，什么时间打扫，我都让他自己选择，还有意安排其他学生从学习、生活等各方面帮助他。长此以往，他深感老师对他的特殊照顾和关心，也体会到了班集体的温暖，终于改变了他的心，通过努力，他逐渐进步了。

（三）爱使"破损家庭"的学生得到温暖

班主任要想把一个班级管理好，就得花费一定的时间认真了解每位学生的个性特点、学习状况和家庭环境，利用各种机会与学生沟通，尤其对生活在"破损家庭"缺少关爱的学生施以特别的爱，使他们能够感受到老师和同学的关怀与爱护。

目前，许多社会问题在学校反映出来。比如，夫妻离异造成孩子心灵创伤，对孩子健康成长十分不利，这样的孩子在我校也多有出现。我班有一个学生，就是因为父母不和导致家庭破裂，致使孩子形成孤独乖僻的性格。他对人生失去信心，对未来茫然，性情冷漠，不思进取，毫无人生目标。亲朋好友虽然给了该生不少生活补贴，但换不回父母的亲情；爷爷奶奶也疼爱他，但弥补不了孩子受损的心。于是，他茫然不知所向，网吧、录像厅成了他的精神寄托之地，而学校、教室却成了束缚他的场所。这时，我作为班主任，走进了他的生活，我拉着他的手，语重心长地说："孩子，老师就是你的父母，还有什么话不能和老师说呢？"这时他似乎看到母亲站在他的面前，心里话像开了闸的水。父母离异后，母亲再嫁了，父亲后娶继母，他随爷爷奶奶生活，同学们都说他是没爹没妈的孤儿。生活在单亲家庭里，无处去说心里话，无处去道胸中情，心情压抑苦闷，仿佛失去了依靠……一段凄凉的话语，一颗受伤的心，摇曳着良知，荡漾着心潮，震撼着我的心。

我恍然大悟：孩子的念头，绝不是一颗转瞬即逝的流星，它是一面镜子、一汪清水。爱和奉献，在这里比什么东西都重要。对孩子付出多少爱，就会得到多少回报。孩子得到爱，就会露出灿烂的笑容。听完孩子的心里话，我明白了用爱来浇灌孩子饥渴的心田是多么重要！从此，我向他倾注了更多的爱，他终于改变了，完全变成了一个积极向上的人，同学关系也融洽了。

孩子的心，就是这样的纯洁、这样的真挚、这样的善良，只要遇到一块净土，一方碧天，就会尽情地宣泄，这里没有金钱和利益的欲望，没有虚情和假意的掩饰，纯洁到你对他真诚，他就对你毫无保留地敞开，纯洁到分不清楚梦境与现实。这些渴望爱的孩子总是期待着你对他的爱。

教育的过程是对学生倾注爱心的过程，是塑造学生美好心灵的过程。爱，在班级管理中起着至关重要的作用。这种爱可以成为学生前进的动力，也可以成为学困生脱胎换骨、改邪归正的良药。只要坚持不懈、持之以恒地用爱去感化学生，用爱去浇灌学生的心田，就能化消极因素为积极因素，就能催开学生心灵之花，使班级管理之树常青，营造一个积极而又健康的育人环境，爱学生不只是爱他们的今天，更要爱他们的明天。

二、爱是班主任德育的灵魂

（一）爱的德育具有"三观"的引导功能

在初中教学阶段帮助学生树立正确的价值观、人生观以及世界观是所有教师以及教育界都应该重视的问题。辩证唯物主义中曾提到"存在决定意识"，随着经济社会的改革与发展，人们的思想和传统的观念受到了冲击，作为在我国社会生活中最敏感、最活跃的青年群体，中学生的三观养成以及价值取向能从侧面反映出时代社会变革的变化。在这样的时代背景下，作为初中班主任，要认真研究中学生的行为特点，帮助学生树立正确的三观，使其成为有理想、有抱负的社会主义接班人。班主任要通过德育工作的开展来增强学生的自我意识以及竞争意识，在社会导向机制上，培养学生的竞争精神，让学生认识到墨守成规、安于现状的人很难在社会发展的洪流中立足。班主任要将学生的人生价值取向和社会需求结合起来，以此来帮助学生提升学习的积极性，让学生在学习过程中强化务实。

（二）爱的德育具有心理疏导功能

德育工作与心理健康教育是不同的，但是有效的心理疏导是班主任开展德育工作的前提。随着当代社会发展的开放性程度越来越高，中学生在青春期很容易出现早熟的情况，学生的年龄特征和心理特点也更加多元化。作为初中班主任，应掌握一定的心理辅导知识，在开展德育工作时能更加有效地引导学生，从心理层面对学生进行疏导，能够更好地了解学生。在发现学生的思想行为出现偏差时，教师可以通过心理辅导的方法来对学生进行引导，以保证学生身心的健康发展。针对青少年的心理健康教育近年来得到了快速的发展，这与当下的时代背景有很大关联，社会、学校和家庭给予学生过多的压力，导致学生的心理处于不平衡的状态。班主任作为和学生接触最为密切的人，应积极地在日常的德育教学中解决学生的心理问题，让学生在遇到困难时能够笑脸相迎，争做生活的强者，培养德才兼备、身心健康的优秀青年人。

（三）爱的德育具有人格培养功能

"捧着一颗心来，不带半根草去。"班主任自身的人格对学生有着较大的影响，教师高尚的人格可以影响学生的身心发展。人格是一个人性格、气质以及才能的总和，是班主任在进行德育工作时的隐性因素。班主任在日常教学生活中与学生的每一次接触都能看作一次德育，班主任通过自身为人处世的方式和作风影响着学生。除此之外，班主任与学生之间的交谈也是德育工作开展最为传统的方式，而且这种方式并不会过时，因此班主任要正确选择交谈的时间与地点。随着科技的发展，以及手机、平板等设备的普及，学生和教师之间的联系方式也更加多元化，无论是在现实的交流中还是在网络通信中，教师都应注重自身的言行举止，为学生树立良好的榜样，起到德育引导的作用。

三、当代初中生德育的变化与趋势

（一）双向整合：心理健康教育与德育的最终"归宿"

班主任先要明确心理健康教育在德育工作中的重要性，心理健康教育和德育有着共同的教育目标，都是以培养学生健全人格为根本目的。因此教师应将学生的心理品质培养作为德育工作的内容之一。以"早恋"现象为例，在中学时期，学生的早恋现象已经成为不可回避的严峻问题，早恋对学生的身心发展以及社会道德风尚都有着不容小觑的影响，其消极作用是十分明显的。作为班主任，在处理这类问题时，应先从心理层面进行剖析，初中阶段的学生正处于青春期，生理和心理都在这一时期逐渐发展成熟，学生的自我意识增强，尤其是成人感的觉醒，往往会出现模仿成人的举动。除此之外，学生也更加注重自我，开始重视自身在别人，尤其是在异性心中的评价，并在日常生活与交往中对异性产生朦胧的"爱慕"心理，甚至由此引发"早恋"现象。

针对这一问题，刻板、严厉的教育是不能解决早恋现象的，反而会激发学生的逆反心理。班主任要用科学的方式进行引导，首先要让学生明白对异性产生好感是青春期阶段的正常心理反应；其次向学生传递正确的价值观，让学生认识到早恋的盲目性和不稳定性，以及作为青少年的自己是否能承担起社会责任？是否以建立家庭为目标？在成长的海洋中，两个青少年就如两只刚刚起帆的小船，如果这时就将两只小船绑在一起，怎么能扬帆远航呢？班主任也要正确看待"早恋"这一现象，不要将其当作"十恶不赦"的禁忌，要在日常的德育工作中以正确的态度引导学生，利用心理学手段加强对中学生的自我认知教育，优化育人环境。

（二）德育过程由"知性德育"转变为"生活德育"

在传统的德育工作中，教师总将德育培养作为"德育知识的培养"，认为

"美德即知识"。这种教育方式只能让学生认识到什么是有道德的表现，并不能培养学生的道德品质。道德来源于生活，也需要应用于生活，不能以应试教育的方式来培养和考察学生的道德品质，应将"知性德育"转化为"生活德育"。初中阶段的学生所面对的生活环境主要为"校园生活""家庭生活"以及"社会生活"，前两者应作为重点。作为班主任，除了对学生进行校园生活中的德育外，还应加强学生在家庭生活和社会生活中的德育。重视德育的"生活化"和"人性化"，很多学生都是普通家庭出身，有些甚至是特殊家庭的学生，例如，重组家庭、空巢家庭、下岗家庭等，这些学生本身就承担着较大的生活压力，在对其进行德育时，不应该将"圣人"思想强加到学生身上，也无须向他们传递舍己为人、无私奉献的道德标准，并不是这类德育观念本身存在问题，而是应该以人为本，从学生的实际情况出发，帮助其健全人格，引导学生享受生活、创造生活。

以德育工作经验为例，曾经班上有一名男生，每天上课都是"踩着点"进班，到了冬天的时候则经常迟到。为此，我与这名男生进行了深入的沟通，发现他是留守儿童，跟奶奶在一起生活，每天早上奶奶都会起床给他做早饭，但是奶奶年纪大了，又患有夜盲症，冬天天亮得晚，所以奶奶做饭也不方便。在与这名男生沟通之后，我发现其迟到并不是本质上的错误，我告诉他以后可以让奶奶在前一天晚上提前准备好早餐，第二天自己加热一下，并且送给了他一个小闹钟，后来这名男生很少迟到了。学生与学生之间有着不同的家庭背景，在对学生进行德育时，要从学生的本质出发，让学生能快乐地看待生活以及拥有积极乐观的精神，也是德育的第一步。

（三）互联网时代的德育新发展

社会的进步和发展，对人才提出了更高的要求，学生不仅要掌握基础的理论知识和技能，还要不断提升自身的道德品质和素养，加强自身抵御信息社会不良思想侵袭的能力。在初中教育阶段，学生受年龄限制，身心发育还不太成熟，此时正是教师对学生进行德育的关键时期。德育教育作为思想政治教育中的重要方式之一，能够在保护学生自尊心和自信心的同时，挖掘学生的内在潜力，是促进学生德育发展的重要教学手段。

从目前的德育事业发展状况来看，虽然互联网的普及已经帮助教师拓宽了德育的途径，但由于教师自身对互联网了解不够深，对德育实践力度不够强，学生们的传统美德观念意识较为淡薄，德育课程开展过于简单，以及一些公德意识的传播力度不够等，使得当下初中德育工作开展得并不顺利。但这些问题并非不可调和，如教师对德育实践力度不够强这一点，究其原因就是传统教学观念的影响过大，致使教师没有切实地意识到，当前的德育教学目标已经不能仅仅满足于照本宣科地传达各类品德知识，而是应该通过更多的途径将这种品德精神深植于学生的内心，进而提高其自身的综合素养与能力。当教师确切地认识到这一点时，初中德育工作现状中存在的问题便能够迎刃而解。

1. 革新教师自身的德育观念

客观而言，当前初中德育工作发展状况不容乐观，其中一个重要的原因就在于，教师的教学观念不符合当下的时代需求，很多教师尚且都还没有意识到德育的真正目的是培养学生们的自身品德，又何论在新时代背景下强化教学手段呢？所以当前要加强初中德育，最重要的一项任务就是革新教师自身的德育观。为革新教师的德育观念，并充分发挥出"互联网+"的时代背景，教师可以先从提升自己对当前国家教育政策、新型教育观念以及互联网的深层次了解着手，寻找到更适用于当下的德育教学手段，进而完善自身的教学计划，使整体德育课程的质量和效率得以提升。

2. 加强对学生进行网络德育

对于中学生来说，"互联网+"时代背景下能够了解世界、探寻世界的途径变得更加多样化，但同时铺天盖地、参差不齐的文化输入也在对其产生着或好或坏的影响，所以教师在对当代中学生进行相关德育教育时，就要针对这些网络文化进行有效教学，帮助学生正确地认识何为优良文化，何为糟粕。对学生加强网络德育，教师也可以利用案例教学的方式开展课程。如教师可以将部分当下热度正盛的时事新闻搬上课堂，让学生根据自己的看法对事件进行有效的讨论，由此看出学生的整体价值取向。而在学生们讨论的同时，教师可以适当地进行正确价值观的输出，为避免激发学生的抵触情绪，教师可以利用观点渗透的方式参与讨论，这样就能够充分利用课堂上的有效沟通，强化对学生的德育，并为其日后浏览时事新闻提供正确的价值观导向。

3. 利用新时代背景下的教学资源

教师想要在"互联网+"的时代背景下利用课堂教学来强化对学生的德育，还可以选择利用部分新型教学资源，以循序渐进、耳濡目染的形式培养学生的良好道德品质。如教师可以在每节课程开始之前，让学生根据最近发生的时事新闻进行模拟表演，并让没有参与表演的学生进行观点评论，从而让学生在实践中更融入新闻情境，更好地体会其中道德品质的缺失，进而树立起正确的品德意识。在课程即将结束时，教师还可以通过一些三维动画的表现形式来回顾整节课程中的德育观念，从而加深学生对课程的认知和记忆。这种利用新时代背景下的教学资源来进行德育价值传达的方式，更适合当下学生的认知观念，也更能够吸引其注意力，对其自身良好品德的养成有着绝对积极的作用。

4. 及时更新德育观念

网络环境下，初中德育工作的最大优势主要体现在两个重要方面：信息时效性和社会互动性。具体地说，信息时效性也就是学校教师、学生在有网络终端的任何地方，都能及时获得各类有价值的德育信息和学习内容；社会互动性则是学生以网络平台等作为信息载体，与德育教师进行各种在线沟通互动和信息交流，在德育教师的指导帮助下，对各种有关德育基础知识内容进行认真的学习和讨论。

由于现代教育教学基本观念和德育教学方法过于保守传统，导致初中德育工作的效果并不明显。改变德育发展现状的根本途径之一，是不断更新教育道德观念。要想发挥学校德育实践课程的教学有效性，最好的办法就是把互联网上的优秀理念融入德育课程中，注重课程开放，为初中学生道德教育创造开放的体验环境。过去初中德育工作以封闭、封锁、压制为主，忽视学生的思想和要求，违背"互联网+"时代的教育教学理念。在新的教育环境下，教师应该给广大初中生一个完全自由的学习空间，一个开放的课堂教学环境，鼓励广大中学生积极结合新的课程发展背景和教学内容，在网上下载获取大量与道德教育相关的信息，从而对多元化的价值观有一个清晰的认识理解。

教师也需要不断转变旧的德育，逐步建立形成新的德育教学观念，引导广大学生充分借助现代网络教育环境，自我实现道德观念思想的逐步养成和自我发展。比如，教师可以在课堂教学特别是在思想品德课教学中渗透道德教育，教师还可以组织学生参加一些社团活动，在社团活动中举办道德教育主题教育时，利用互联网进行宣传学习，形成线上与线下相结合，这样学生既能感受到学校德育的浓厚氛围，又能潜移默化地接受学校德育，从而进一步提高学生的道德情操，使学生把所学的德育知识落实到实际生活中去。

5. 开展德育实践活动

初中学生自身道德品质的提高培养，道德规范意识的增强培养，情感的感受激发等，都离不开教师开展初中学生德育实践拓展活动，这样可以很好地促进初中生形成良好的社会道德行为习惯和行为规范。因此，教师应充分结合初中实践课程教学设置的实际背景和初中德育工作的实际需要，积极开展各种形式的初中德育理论实践教学活动，不断丰富初中德育实践教学的活动形式和教学内容。比如，在传统课堂教学之外，利用网络直播的优势，为中学生实时播放关于我国历届奥运会优秀的运动健儿为了祖国奋勇争先、奋发向上的壮观比赛场面，使中学生深刻感受到强烈的中国民族主义情感，培养中学生的强大民族自豪感和爱国主义情操。每个周末教师还可以让学生看一些放松的综艺节目，如《奔跑吧兄弟》，让他们开心地笑；也可以让学生看一些励志的故事，如《第一书记》，在一定程度上触动他们的内心深处；再或者组织学生观看《航拍中国》《荒野求生》，这可以在一定程度上开阔他们的视野；选定本班的班歌，如《夜空中最亮的星》；平时给他们听一些改编版的音乐，如地理音乐《飘雪》《锋面系统》等；再或者在每周五召开一次主题班会，来调动学生的积极性。

6. 在"互联网＋"时代下，促进德育教学方式的变革

"互联网＋"时代的到来，对人类社会的影响是巨大的，其不仅影响了人类的生活观念，而且在潜移默化中对人类的行为习惯产生了深刻的影响。对于在"互联网＋"时代下成长的初中生来讲，其学习习惯和传统相比早已发生了巨大的转变。初中生越发习惯多样化的教学方式和多元化的教学呈现形式，相比于白纸黑字的德育素材，初中生更加习惯通过相关德育视频、德育动画等动态呈现形式进行学习，而且动态形式的德育教学活动能够使初中生的德育课堂"活起来"，能够通过视觉和听觉效果，紧紧抓住他们的学习视线，引导他们主动参与到德育学习活动当中，这是初中德育视频化教学的价值和意义。所以在"互联网＋"时代下，初中阶段德育工作者要立足初中生的学习习惯，促进初中生德育教学方式的积极变革。

教育工作者要转变其落后的机械性德育教学形式，借助互联网技术和信息经济技术，搜索与德育教材和德育教学主题有关的德育教学视频资源，不但可以利用这些资源来丰富德育学习的内容，拓宽学生的德育学习视野，引发学生对德育学习的兴趣；而且可以利用这些资源来构建学生的德育学习情境，加深学生对德育教学主题的理解，触发学生敏感的内心世界，使学生通过德育对情感和价值观有新的改变和提升。

7. 在"互联网＋"时代下，构建线上型的德育教学模式

在"互联网＋"时代下，初中阶段的德育工作者要善于利用先进科学技

术，促进传统德育教学模式的有机变革。我国传统的德育教学活动是以线下型的德育教学模式为主。线下型的德育教学模式具有较大的局限性，无论是教学资源还是教学的便利性都是有限的，这为初中生德育教学活动的发展和德育教学效率的提高带来了阻碍。而"互联网+"时代的到来，为德育教学活动的高效发展带来了更多的可能性。"互联网+"时代意味着信息资源的丰富性、教学形式的多样性、教学方式的多元化，将"互联网+"时代的教学优势和教学元素进行有机整合，可以促进线上型德育教学模式的构建。例如，德育工作者要积极构建德育微课教学模式、德育慕课教学模式、德育发展课堂教学模式等。

以德育微课教学模式为例，德育工作者可以将"互联网+"技术和德育教材进行有机整合，及时为学生录制德育教学微课视频，要求学生在德育预习活动阶段、德育课堂上以及德育复习活动阶段，都进行相关微课视频的观看，以此来引导学生积极把握德育学习的重点，跨越教学的时空局限性，有机整合学生的碎片化学习时间。

8. 在"互联网+"时代下，构建德育网站平台

在"互联网+"时代下的德育教学活动中，德育工作者要将学生的学习主体地位谨记于心，为学生构建便利化的学习平台，引导学生开展自主探究式的德育学习活动。例如，初中阶段的德育工作者可以积极促进德育网络平台的有机构建。在网络平台上，分别为教师和学生设置相关的权限，教师可以进行德育资源的共建共享，共同为学生德育教学活动的发展出力；学生也可以根据自身的权限在网络平台上展开自主探究式的德育学习，这能够为学生的自主化德育学习活动提供丰富的学习资源，有效提升新时代下学生的自主学习能力和自主探究能力，从而有效培养学生的德育素养。

（四）互联网时代的德育主题教育

1. 青春教育，巧用微课，润物无声

在初中阶段，学生告别了小学时期的天真烂漫，但同时也迎来了人生中最为重要的一个转折点，也就是青春期。在这个阶段，学生处于心理逆反期，心理或者生理上都发生着巨大的变化，包括神经系统的发育、身体机能的发育、躯体的生长以及自我意识的发展等，这是学生蜕变的时期，同时也是敏感而脆弱的关键时期，这个阶段教师一定要扮演学生的生活顾问，与学生做知心朋友，以科学合理而又委婉的形式为学生开展青春教育。在以往的德育教学过程中，很多教师在为学生开展青春教育时缺乏艺术性，教学形式比较粗糙，不讲究方法，不照顾学生的学习和生活体验，导致学生难以接受，或者部分教师的教学模式过于隐晦和生涩，例如在青春期男女交往的问题上，教师往往不能正面对待，过于简单粗暴，这在很大程度上抑制了学生的身心健康发展，对于学生的健康是十分不利的。这样的教学形式不仅不会取得预期的教育教学成果，反而会最大限度地引起学生的逆反情绪，不利于学生自身个性的发展，使学生无法养成自身健全的人格。

在互联网的教学背景之下，教师可以利用多媒体技术为学生展示微课视频，以更多元化的形式为学生开展青春教育，以简短和精致的短视频引起学生的学习兴趣，同时也可以有效地呵护学生的个人隐私，尊重学生在学习过程中的体验。教师可以以微课为基础为学生开展一些青春期男女正常交往的主题班会，从心理学的教学角度向学生说明早恋的利弊，教师可以一边播放视频，一边给学生留出足够的时间和空间，并退出教室之外，将男女交往的秘密留给学生，给予学生一定的心理准备，使学生对主题班会所探讨的重要内容有更为深刻的了解。

2. 生命教育，视听震撼，深化体验

在初中时期，学生受到教学压力的影响，往往会表现出内心脆弱，而生命珍贵，对于初中学生而言，教师要加强对于学生的生命教育，避免学生出现个性骄纵、偏执、脆弱、自尊心过强的状况。所以，教师可以适当地为学生开展生命安全教育，以培养学生敬畏生命、热爱生命、呵护生命的意识。在教学过程中，教师可以利用互联网的教育教学优势，以更加立体便利、直观的形式为学生开展交互式电子白板教学，利用互联网的信息资源平台，使学生意识到生命可贵。

教师可以为学生播放人类生命进程全过程的教学短片，使学生了解从生命诞生开始到逝去的过程，以视频的形式向学生展现，会使学生更加震撼，并受到强烈的视听冲击，引发学生的生命情感体验。例如，教师在为学生讲解"生命如歌"这部分的班会活动时，就可以利用交互式电子白板为学生设计多媒体的教学课件，以突破单一页面操作的独特方式为学生设计教学板块，通过网页模拟生命流程，包括播种、浇水、施肥、除草、开花、结果等多个环节，使学生看到种子破土而出、茁壮成长并绚丽绽放的整个生命变化，从而激发学生对于生命的强烈感知，深化学生对于生命的情感理念，达到生命教学应有的效果。

3. 法治教育，情感创设，在线说法

在初中德育教学过程中，教师要为学生普及法律知识，使学生知道如何保护自身的合法权利，如何对社会不良风气勇敢说"不"，同时自身要知法、懂法，并约束和规范自身行为。所以，教师可以利用互联网教学平台的便利资源，利用网络新闻为学生搜集相关的视频和案例。例如，中央电视台的《法治在线》《今日说法》《法治社会》《社会与法》等栏目，为学生传递更为正能量的法律法规知识。教师可以为学生创设相关的教学情境，创建校园说法平台，使学生通过交流、观看、体验、讨论，参与到法治教育的互动之中。例如，教师可以将《今日说法》的栏目平移到课堂上，先为学生播放熟悉的音乐唤醒学生的生活体验，并由班主任或者班长开场，可以以小品的形式为学生展现案例，并通过情境创设的方式使学生对案例中的故事产生更为深刻的体验，学生再自主讨论，指出在小品中有哪些违法行为，而学生又该如何保护自己，从而有效强化学生道德与法治的意识，促进学生健康成长。

第三节 重育人 重价值

在德育教学中，班主任的责任十分重大。班主任工作干得越久，越常感到害怕，因为关系到这么多学生的前程，牵涉到这么多家庭的幸福。作为班主任一定要时刻提醒自己，多关注受教育者的感受。有时候，教师的一句话会影响甚至改变学生的一生。教师平时要多用欣赏的眼光发现学生的优点，从内心喜欢他们，做到将心比心，重视德育育人，重视价值引导。

一、班主任是学生德育成长之路的引领者，多维度展开育人

在所有教师中，班主任是学生最亲近、最尊重的人，学生具有天然的"向师性"，班主任往往成为学生最直接的榜样，班主任的一言一行、一举一动都可能自觉不自觉地被学生模仿。因此，作为一名班主任要时刻注意自己的言行给学生带来的影响。在行为习惯方面，要求学生做到的，自己必须首先做到、做好；在语言行为方面，班主任完美的语言、亲切的情态、端庄的仪表将促使学生养成文明、礼貌的好习惯。从某种意义上说，班主任工作是以自己活生生的高尚人格去塑造学生良好的人格。因此，班主任更需要有高度的责任心，时刻注意规范自己、规范言行，提高自身的修养，真正显示出师表风范。班主任通过自身的行为规范修养，时时、处处、事事给学生以楷模作用，促使学生的道德得以升华。班主任是学生最直接的榜样，其理想人格会像一丝春雨，"随风潜入夜，润物细无声"，潜移默化地影响着学生的人格。班主任良好的自身素质修养有助于对学生进行全面教育，高尚而富有魅力的班主任人格能产生身教重于言教的良好效果。你要想班级学生成为什么样的人，作为班主任的我们就要做什么样的人。一个好的班主任成功与否，就看带的学生成功多少，也就是"播种行为，收获习惯；播种习惯，收获性格；播种性格，收获命运"。不

追求名与利，而是引导学生的个性发展，多维度育人，让学生健康成长，让学生做一个优秀的人，才是做教师的责任。

（一）思想育人，使每一位学生心怀感恩之心

古人云："滴水之恩，定当涌泉相报。"感恩是我们中华民族的传统美德，也是一个人起码的品德。在感恩教育中，学生最容易接受和理解的就是他们在生活中切实感受到的亲情。然而对于如何感恩，他们的认知还比较模糊、零碎，往往缺乏具体行动。我班通过各种活动让每一位学生心怀感恩之心！如：在单周，帮助父母整理家务；在双周，为父母捶背洗脚。自第一周主题班会开始，就把感恩教育内容列在每一次班会之中，学生在班会中讲述我们身边的"感恩"故事，表演有关"感恩"的节目，组织"感恩的心"演讲比赛等，并对学生在平时团结同学、乐于助人等方面进行表扬。通过与家长沟通，反映学生的在校表现，指导家长做好家庭教育；通过与学生谈心，分析把握每一位学生的心理情况。家长每周在微信群分享一张孩子在家的照片，我会选出表现优秀的学生照片在展板进行展示，以及每月组织一次评定表彰大会。

当一个人经常说"感恩"时，他的生活便少了一份抱怨，多了一份珍惜；当一个社会经常说"感恩"时，世界便少了一份纷争，多了一份和谐。亲子、同学、家校之间的关系因为感恩而变得更加和谐。

（二）环境育人，使每一位学生树立远大志向

教育学家苏霍姆林斯基说过："周围世界的美感陶冶学生的情操，使他们变得高尚文雅。"良好的班级文化内涵对班级建设和学生个性的社会化都有重要的影响。根据学生的年龄特点，我选定以"励志"为主题创建班级文化，让每一位学生树立远大志向！"梦想、勤奋、努力、坚持"，使每一位学生都有自己的梦想，有自己的学习目标。让学生明白只有勤奋学习，才能有所收获，

在求学过程中要努力，不断向前，懂得迎难而上，相信只要坚持就一定能获得成功。开学时让每位学生在姓名牌后面写下自己的目标；组织学生每周观看励志影片；为了让学生有一个舒适的学习环境和学习氛围，确定了四个常规目标（净、静、敬、竞），提醒每一位学生教室要保持干净，更要安静，要讲文明、懂礼貌、尊敬他人，要不甘落后、勇于争先。对于班级区角的设置，加上了语言文字提醒，并以班内的《学生守则》和《日常行为规范》作为对照表。

除了对学生进行安全教育外，在黑板的右侧建立安全提醒板块，每天对安全内容进行更换，切实提高学生的自我保护意识。教室的环境布置让学生感受到"每面墙壁都在说话"，牢记自己的志向，并不断努力。

（三）行为育人，使每一位学生养成良好的行为习惯

教育家叶圣陶先生说过，"什么是教育，简单的一句话，就是培养学生的行为习惯"。作为教师，是学生成长的引路人，不仅要给学生传授知识，还要让每一位学生养成良好的行为习惯！ 没有规矩不成方圆，我与班级学生共同制定了包括感恩、学习、纪律、卫生、生活、礼仪六方面的班级公约行为内容。根据公约内容设置了 52 个职位，每位学生都有需要完成的工作，这使他们成了班级的小主人，有服务集体的意识，同时也知道了哪些事情是自己应该做到的，并以团队合作的方式处理班级琐事，管理班级。下课后学生们不再打打闹闹，而是有了做好自己事情的责任感与使命感。班委会成员根据六方面的内容，每天进行检查记录，并且每月在每人百分制基础上分六方面进行评价表彰。我们的最终目的，就是希望学生能自觉地约束自己的行为，养成良好的习惯，提高自身的素质。

（四）示范育人，重视言传身教，加强生活点滴教育

班主任是初中生学习生活的引导者，更是学生的模仿对象，在一定程度上

可以说，班主任的一举一动都在潜移默化中影响着学生，所以班主任在管理育人的过程中要注重言传身教，时刻严格要求自己，以身作则，为学生塑造优秀的学习榜样，增强学生的信任感，从而有效提升师生德育配合度。此外，据调查，有相当一部分学生是在此阶段开始吸烟的，并且现象普遍、集中、严重，深究其根本皆是来源于学生在生活中很容易接触到吸烟的家长和教师群体，加之初中生的自制力较差，且具有强烈的猎奇心理，在模仿意识的驱动下产生了不良行为，所以班主任要注重生活点滴教育，通过规范自身日常行为，帮助学生树立起积极向上的生活学习态度，实现育人教育。

（五）学科育人，注重德育教学与课堂教学相结合

立德树人不仅是一种教学观念，也是德育教学的具体表现，指引着教师的育人方向。教师在德育培养过程中既要注重日常点滴教育，更要懂得与课堂教学相结合，让学生的德行合一，从而相互影响，相互促进。比如，在初中课堂学习中，由于学生处在懵懂敏感的青春期，在遇到困难或挫折时很容易出现逃避的现象，缺乏面对失败和错误的勇气，长此以往就会形成自卑心理，个人表现力及交际能力都会受到消极影响，所以教师在课堂教学中不仅要善于发现学生的闪光点，还要积极关注学生的缺点和失误。例如，当学生在课堂学习中回答问题出现错误时，部分班级同学会直接指出错误，这种做法对于性格内敛的学生来说会造成心理上的打压，进而降低学习自信心，这时教师就可以在课堂中告诉学生是他的错误让自己快速找到了教学重点，帮助学生缓解尴尬，让学生感受到教师对自己的关怀和理解，进而拉近师生关系，课后教师再引导学生要敢于正视自己的错误，要做真实的自己，从失败中认识自己，从而更好地塑造自己，帮助学生建立乐观向上、积极进取的精神，促成德育。

（六）情感育人，做到爱生如爱子

作为班主任还要善于运用情感教育，引发学生的情感共鸣，只有让学生发自内心地感受到教师育人的包容性和感染力，才能提升信任度，使学生乐于接纳和认同教师的观点，帮助教师更好地引导学生。比如，在校园组织的体育活动中，学生在运动中难免会出现磕碰的意外，这时教师要及时给予学生关心和鼓励，做学生校园生活的依靠，给学生家一般的温暖；或者当学生精神状态不佳、学习兴趣不高时，教师不要一味地责怪，强调学习的重要性，要尽可能站在学生家人或朋友的角度，先了解学生的实际状况，再合理引导教育，做学生的倾听者，让学生在青春期得到充分的理解和关注，用行为感化学生，诠释师德的真正含义。

二、育人先育心——基于心理育人开展班级管理工作

初中生正处于一个心智发展的关键阶段，很多初中班主任在开展班级管理工作时忽略了育人育心教学理念，导致班级管理工作效率低下，因此，要结合新时代发展需求合理科学地开展班级管理工作。当前，育人育心班级管理工作正在顺利开展，家长和教师都高度重视学生的心理健康问题。在开展班级管理工作时，教师要结合以往的教学经验，理性地分析当前的教学现状，充分调动周边的所有教学器材，展开班级管理。教师首先要明确育人育心教学理念的意义，育人指的是要让学生建立正确的学习方式，将被动式的教学转化为主动。育心则指的是希望班主任摆脱说教的教学形式，同时要考虑到学生的心理动态，提高学生的道德修养，要站在学生的角度制订教学计划，要增进课堂的趣味性，教师可以以朋友的身份与学生展开相处，增进师生之间的互动，让学生敢于表达自己内心真实的想法，展开心与心之间的交流和沟通，让学生可以敞开心扉，与教师展开心灵上的对话。在这个过程中，教师要继续对学生进行正

确的引导，增进其自信心，提高其学习效率，最终达到其应有的教学目的。教师要抓住学生的发展规律，迎合学生的兴趣，使学生真正成为课堂的主人，帮助学生树立正确的人生观和人生方向。

（一）考虑到学生个性化差异，融入育人育心教育理念

之所以将育人育心教育理念融入初中班级管理工作中，是因为传统的教学模式已不能满足时代发展的需求，新时代要求学生德智体美劳全方位发展，为学生营造一个身心健康的成长环境。初中班主任既要紧抓学生的文化课成绩，同时还要考虑到学生的心理动态，注重学生之间的差异化。每一位学生都是独立的个体，对事情的看法也有所不同，初中生正处于一个成长的关键阶段，教师要高度重视学生的内心变化，很多初中生会因为在生活中遇到挫折，或者是在学习中遇到挫折而产生逆反心理从而误入歧途。所以班主任要理性地分析当前的教学现状，结合学生的发展规律，开展班级管理工作，教师可以让学生参与到班级管理活动当中，但是要考虑到学生的性格特点，如性格相对内向的学生可能不愿意与人沟通，这就会使教师不能及时地了解到学生的心理变化，而性格外向的学生也会出现调皮捣蛋的现象，所以教师在开展班级管理工作时，一定要考虑到学生之间的差异，针对不同的学生制订不同的教学目标。对于性格内向的学生，教师要采取鼓励式教育，引导学生主动地展示自我，鼓励学生走出舒适圈，使学生可以勇敢向前，要让学生在遇到困难时奋发前进，不轻言放弃。而对于接受能力较强性格相对外向的学生来说，教师要给予学生展示自我的平台，教师可以让这类学生成为班级的管理者，这样既可以提高学生的责任心，也可以使学生规范自己的行为方式。

通过这种管理模式，不但可以调动学生的积极性，而且可以让学生主动地参与到课堂活动中，参与到班级的事务当中。同时还可以提高学生的责任感和团队荣誉感，教师也可以运用情境教学法，结合媒体等信息技术来开展班级管

理工作，构建良好的课堂氛围，建立师生之间的互动，让学生参与到课堂活动当中，让学生为了班级的荣誉而努力奋斗。初中班主任要明确初中生的变化规律，要在学生遇到困难时帮助学生建立起自信心，使学生摆脱困境，让学生明白失败是成功之母，一次失败并不能代表什么，从而让学生永不言弃，树立自信心，为自己的人生方向而努力奋斗。

（二）双向管理开展育人育心教学工作

教师要通过双向管理来开展育人育心教学工作，双向管理指的是不仅教师要与学生进行沟通，学生也要与教师进行交流。教师要认真聆听学生的表达，尊重学生的意见和建议，以班级管理规定为主题开展班会，通过师生之间的相互探讨以及相互总结，最终得出一个合理科学的班级管理模式。传统的班级管理工作方式一直是灌输式或者是说教的方式，这种管理方式虽然能完成一定的管理工作，却忽略了学生的自主思考能力，学生没有产生情感共鸣，并且这种管理工作的方式不具有说服力。教师一直采取领导的形态展开教学，会让学生丧失自信心，打击学生的学习积极性。所以教师要改变这种管理工作方式，将被动式的教学转化为主动式的教学，让学生真正地成为班级的主人。要让学生去自行监督，教师在监督学生的同时，学生也可以督促教师，通过这种双向的监督方法，调动学生的积极性，提高学生学习的主观能动性，增进师生之间的互动效果。

很多教师忽略了师生之间互动交流的作用，导致教师不能及时地了解学生的心理动态。要改变这种教学理念，建立有效的师生沟通交流平台，及时地了解学生的学习动态以及心理情况。双向管理模式主要是抓住了初中生的心理动态，符合当前的教学理念，也符合育人育心的教学方式。教师督促学生学习，而学生也要监督教师是否遵守了班级管理的规定，从而促使班级形成一个和谐、平等的氛围，有利于学生健康地成长。由此可见，适当地开展双向班级管理工作，可以摆脱传统管理工作模式的束缚，提高学生的自信心和学习效率，为学生营造一个良好的学习氛围，有利于学生的茁壮成长，也有利于教师开展班级管理工作，是一个一举两得的管理模式。教师要抓住这一特点，发挥这一优势，有条不紊地开展班级管理工作。

三、班主任育人工作与班级管理的价值引导

（一）明晰育人目标，描绘美好成长愿景

科学的班级育人目标是一个班级生命力激活的重要牵引，是班主任以其特有的育人情怀打造团队的重要载体。但需要注意的是，班级育人目标的确立始终不能抛开或偏离学校的育人总目标，如果把学校育人总目标比作"树干"，那么班级育人目标就是从"树干"上生出的"树枝"，"树枝"可以形态各异，但是始终不能脱离"树干"，否则"树枝"就会枯萎或变形。所以学校与班级管理的关系要理顺，目标要明确，责任要明晰，否则，上下之间就会出现工作偏差或管理脱节，进而影响工作效果。

具体到班级育人目标的确定，班主任可以直接把学校的育人目标作为班级的育人目标，也可以结合班级实际对育人目标进行提炼，表述要遵循生动简洁、易于学生理解和把握的原则。

（二）科学制订班规，引领规则意识生成

班规是班级管理体系高效运转的重要支撑。在班级管理中，班主任遇到学生违纪的情形，一般会依据错误的轻重程度，采取说服教育、实施惩戒、约谈家长、权威压制。对于一般学生而言，这些问题基本上可以从表面上得到有效控制，但问题很快就会反弹，没有得到根本解决，究其原因，最主要的是班主任在引领和指导班级规则制订、执行、修订、完善等环节出现了问题，依然采用的是"人治"的思维和管理方式，没有透过问题学生的表象挖掘出背后的本

质或动因，导致难以掌握解决问题的有效方法。

规则是一种契约，是一种明确的权利与义务关系，也就是说学生履行了怎样的班级义务就应该享受怎样的班级权利。不经历、不成长，问题的反复出现更加凸显出规则意识引领和转化的重要性。所以在班规制订过程中，班主任要做好总体把关，确保方向正确，更要呈现人文关怀，也就是人们经常讨论的"民主化""人性化"。

1. 制订班规

集体讨论、梳理归纳、达成共识、表决通过、班内公布。生成的班规应该摒弃呆滞的"严禁""不得"等字眼，既要能体现规则，也要为学生发展指明方向。例如：

（1）学会做人

任何时候都要虔诚地尊敬老师、家长，决不能冒犯老师、家长，尊重老师和家长就是尊重自己的未来；如果老师、家长做得不恰当，要告诉"老班"去协调处理。

（2）学会共处

永远不要用不文明行为应对不文明行为，如果你执意做了，一定会得到更糟糕的结果。

如果你的语言表达风趣、幽默，这是你的宝贵财富，要不断坚持这样的风格。

任何时候都要关心、尊重、包容自己的同学，有好的建议或意见，应该当面用正确的方式提出，背后议论他人、歧视、挖苦、讽刺、起不雅外号等言行，会让你变得渺小、狭隘，不利于你的身心健康成长，甚至会使你与同学之间产生隔阂，产生怨恨，不利于团结共处。

男女生要正常交往，过度交往不但严重违纪，还会让你的成长之路变得曲折。

2．学习班规

运用启发式教学法等，如解读条款、举例论证、体会分享、原因说明（为什么制订，怎样做符合）等，直至每位学生都能较为熟练地掌握班规内容。班主任还要明确告诉学生，班规并非班主任针对某个学生，而是经过师生集体讨论制订的，具有集体约束力。

3．执行班规

观察班规运行是否顺畅、有没有不适宜的条款、有没有规则里面没有涉及的现象等，并及时进行记录。

4．夯实班规

班规内容的再修订、再完善、再强化，要始终坚持集体讨论的形式，集体决定增删条款；同时，班主任要倡导学生树立班级主人翁精神，根据班级建设急需解决的问题，充分表达自己的意见，便于及时达成新共识，生成新的班规条款。

5．班规条目要契合学生接受能力，由"不能做"到"怎么做"

班规可能会改变学生的思想认知、行为习惯，这是一个漫长、复杂、持续的过程，所以班主任要明确学生规则意识的生成，决不能一蹴而就、一劳永逸，需要持续发力。

（三）搭建赋能平台，培植价值感、归属感

对班级发展而言，最终目的是实现学生的发展；对学生成长而言，学习成绩仅为一个指标，如果在班级里能找到更多适合自己的舞台，其价值感、归属感就会被激活，学生就会由观众变成主角，由"看客"变成主人。

1．分配班务、赋能学生

魏书生老师"人人有事做，事事有人管"的治班理念告诉我们，学生是班级事务的主体，学生需要在承担班级责任中锻炼成长多项技能。这就需要班主

任根据班级管理的需要，对班级所有事务进行整合，厘清有哪些具体事务，在什么时间做，由谁来负责，评价优劣的标准是什么，由谁来评价，等等。这些维度确定之后，便生成了整个班级事务的运行体系，使班级从宏观上进入了有序的状态，学生在承担具体事务的同时，其执行能力、组织能力、协调能力等要素便会得到有效的释放。

2. 动态评价、多元呈现

班级管理中的评价维度一般可以划分为学习、行为、班务、活动等，尤其是在班级运行的初始阶段，评价的导向作用愈加明显。评价机制的建立还需要对评价结果进行多元呈现。可以采用如下方法呈现：

（1）日志记录法

即将班级每天的评价结果记录下来，及时反馈给学生，让学生明确哪些方面已经做得很好，哪些方面还没有达到标准。

（2）榜样激励法

即围绕评价维度，集体评选在一个维度或多个维度中表现优秀的学生，并辅之以当选的具体原因，让优秀学生的榜样激励作用更加具象化，从而引导更多学生向优秀学生看齐。

（3）虚拟与实物奖励法

即围绕评价维度，诸如每个岗位设置一定的虚拟分数，每天对学生获得的分数进行累加公布；还可以根据学生获得的分数，分段赋予相应的虚拟头衔或称谓，或者给予一定的实物奖励，这些都能发挥很好的导向引领作用。

另外，班主任在班级建设过程中，要着重从物质文化、行为文化、制度文化、精神文化等多个维度，推动班级群体价值观的形成，只要群体价值观正确，班级发展就会走正道。

（四）畅通诉求渠道，防范"悲伤逆流成河"

李镇西老师说："离开了人与人的精神相遇和心灵拥抱，就没有教育。"班主任作为与学生关系最为亲密的角色之一，要精心设计好学生的班级诉求通道，把关注的目光投向每一位学生，特别是特殊学生，逐步"赢得"学生的内心，那么班集体中的正能量便会活水涌动。

例如每周班干部例会制度。这是班主任在自我观察的基础上，通过了解班级管理举措取得的实效、存在的不足、暴露出的新问题、一些学生背后隐形问题的有效方式。

再如面对面谈心制度。其最适用于大型考试、比赛活动前后、学生心理出现波动的特殊时刻。这些特殊时刻的谈心、关心可以走进学生真实的内心深处，深深感染着学生的心灵。

班主任还要特别注意，有时候学生的一些反常举动更要全面了解，透过现象看本质，再进行慎重处理，因为有时候我们眼睛看到的，并不一定是真实的。

家校共育是提升教育质量的重要保障，常见的家校沟通方式有线下的家委会、家长会和线上的QQ群、微信群、班班通等，但传统的沟通方式常常带来困扰：通知消息被聊天刷屏覆盖，重要信息不方便回看和保存……而高效的微信公众平台操作方便、形式多样、传播广、时效长，不仅能够优化两者之间的沟通方式，促进家校间的联系，还可以弥补课堂德育的局限性，优化班级民主管理，提升班级凝聚力。

四、信息时代利用微信公众号德育育人

（一）微信公众号的内容管理

1. 开展生涯教育，帮助学生进行生涯规划

利用微信公众号线上线下有机结合，切实帮助学生认识自我，帮助学生

科学地进行生涯规划。我们可以线下发放霍兰德职业测试与 16PF 人格测验量表，帮助学生认识自己的职业兴趣与性格类型；线下开展生涯规划主题班会，介绍部分大学及部分专业，引导学生结合霍兰德职业测试与 16PF 人格测验量表结果规划职业选择。利用微信公众号线上推送更多的大学及专业介绍，以及指导生涯规划有关视频及文章，来补充线下教育内容的缺失。我们还可以给家长推送学生测量结果及学生生涯规划书，推送家长录制的对孩子在生涯规划方面的意见和建议视频，促进家长与学生之间的沟通和了解。

2. 树立榜样典型，帮助学生提升学习信心

我们可以利用微信公众号推送班级表彰、学生优秀作品等内容，让学生之间互相学习，引导学生向榜样典型看齐，提升学习信心，鼓舞学习斗志。我们也可以利用微信公众号推送学习指导文章及视频，帮助学生科学高效地学习；推送复杂知识内容的微视频，补充线下教育的局限性，学生课堂没听懂，还能够利用微信公众号推送的微视频反复观看、反复钻研，帮助学生消化理解知识；推送月考班级表彰内容，以及学生优秀作文、优秀思维导图、优秀答题卡等优秀作品；推送班级好人好事报道文章，弘扬先进典型，树立榜样引领作用；推送诸如安全教育、行为文明、感恩教育等相关主题教育内容，让家长和学生共同接受教育，促进家校教育合作，提高家校育人效果。

（二）基于微信公众号的家校合作

1. 推送家长教育文章，帮助家长学习家庭教育新理念，提升家庭教育水平

我们在教育好学生的同时，也肩负着引导家长的重任，因为家长的成长、家庭教育观念的转变、家长素质的提升最终都会促成学生的健康成长。合理利用微信公众号推送相关学习文章，能有效提升家长的教育水平。

我们可以收集各类教育智慧故事、各种好习惯培养经验、各种教育视频

并上传到微信公众号，同时也鼓励家长将所掌握的教育信息、阅读过的教育书籍、充满智慧和正能量的教育案例等与其他家长共享，达到共同成长。

2．搭建"家长学校"平台，分享家长宝贵教育经验

家长中不乏家庭教育理念先进、经验丰富之人，班主任可以邀请这部分家长利用微信公众号开展"家长学校"活动，围绕诸如"家长如何与孩子有效沟通""孩子学习压力大怎么办"等话题，请家长代表拍摄视频或书写文章上传到微信公众号，其余家长在空余时间可以点开查阅并进行点评。利用微信公众号可以围绕一个主题及时、自由地发表、交流各种观点，或具体讨论、辩论一些有争议的问题。运营团队及时将家长观点言论整理成文章或者录制家长评论短视频上传到微信公众号，供学生及其他家长交流、评论和借鉴。这种互动能促进不同家庭之间的互帮互助互学，把学生个体的学习行为转化为所有家庭、所有家长和学生的共同学习行为，并由点及面地提升全体家长的家庭教育理念和水平。

除此之外，在一些特殊节日，比如母亲节或父亲节时，班主任可以发起"你想对你的母亲（父亲）说些什么"活动，进行视频录制并上传到微信公众号。同时，也可以录制家长对孩子想说的话推送到微信公众号，通过这一新的沟通桥梁，快速拉近学生与家长之间的距离。

3．推送班级活动内容，帮助家长及时了解孩子在校表现

在进行班级管理时，运营团队可以利用微信公众号推送班级日常消息。比如班级一些常规通知，班级近期与长期工作安排，班级组织的集体活动等都可以上传到微信公众号，这样家长可以订阅微信公众号了解班级发生的一些事情，如班主任带班理念，孩子在学校的表现等。

微信公众号可以拓宽我们的教育渠道，丰富我们的教育内容，帮助学生学习，促进家校合作。利用微信公众号进行班级管理是我们可以尝试的新方式、新平台。

第二章
耳濡目染

孩子们会根据听到的、看到的来影响和调整自身的行为，因此，教师需要做好学生的榜样，同时还要和学生和谐互动，并推动自身专业发展。

第一节　做学生的榜样

"桃李不言，下自成蹊。"教师的一言一行总是潜移默化影响着学生。所以教师只有加强自身修养，注重自己的言行举止，才能成为学生的人生导师、生活向导。"其身正，不令而行；其身不正，虽令不从"，意思是说当管理者自身端正，做出表率时，不用下命令，被管理者自然会跟着行动起来；相反，如果管理者自身不端正，而要求被管理者端正，那么纵然三令五申，被管理者也是不会服从的。

"学高为师"，学无止境，学习学习再学习，提高提高再提高，只有学习才能进步，才能成就自己的美好人生，才能达到"给学生一碗水，自己须得有一桶水"的效果。教师要加强学习，与时俱进，不断丰富自己的知识水平，提高政治觉悟，钻研教学方法，提高授课水平。也只有爱学习、品行端正的教师才能教出爱学习、品行端正的学生，才能培养出合格"四有"新人，成就中华民族伟大复兴梦。

一、用爱引导学生

（一）情系学生，培养良好师生情谊

大爱无言，大爱无形。情系每位学生，就是我们要深切关心每位学生、关爱每位学生，一切为了情系学生。这样做既是为了及时准确地了解在校学生的健康情况，促进学生的身心发展，也是为了有效推动教学科研工作的顺利开展。一位受学生喜爱的教师，更能进入学生的心灵，必须要时常关注、重视学生。教育者与教育对象之间具有直接双向互动的关系。双向互动关系一般是指教育者和受教育者之间相互作用、相互影响的关系。在课堂中，教师讲授知识，而知识的传授对象是学生，教师在课堂上的表现对学生有一定的影响。同时，学生在课堂中的表现、反应以及与教师的交流，构成了另一个互动过程。因此，无论是在生活上，还是在学习上，教师应给予学生必要的关心和帮助。同时，关心和关爱要紧密地联系在一起，从不同的角度关注不同的学生，善于发现他们的优点，用一颗爱心帮助他们，有什么问题及时解决，有什么困难及时帮助，不能区别对待任何学生。在关注和重视学生的过程中，让学生觉得老师是可以信任的，这样才能反过来赢得他们的尊重和重视，让他们主动参与到课堂中。班主任作为班集体的凝聚力量，更需将学生放在心上，及时与学生交流沟通，为学生营造一个良好的师生氛围，培养深厚的师生感情。这样，教师的说服力会大大提升，工作效果会大大增强。

（二）学生为主，推动学生身心发展

作为一名班主任，应始终如一地坚持"先学会做人，后学会知识"的教学原则，把教育学生的德行放在首位，尊重每位学生的人格。在教育的发展过程中，无论是教师还是学生，都处于平等的地位，教育者不能因为是教育过程中

的主导者就完全忽视教育对象的感受，就高高在上地"发号施令"。教育是否具有成效以及效果的大小不仅受到教师引导作用的影响，还受到学生对知识的自我接受程度的影响。也就是说，光有教师的引导还不行，学生是否愿意自主接受也很重要，这就和平时人们吃饭一样，不光要人多吃，还要看人有没有胃口。

因此，一定要注重以学生为本，尊重学生的感受。过去的教育通常是一种传统灌输式的课堂讲台展示教育，教师在讲台上枯燥乏味地讲授课本上的基础知识，学生在台下被动地接受，对于基础薄弱或者自制力较差的学生来说学习效果甚微。面对这些学生，班主任更应该以十足的耐心和细心去对待他们，知道他们的个人发展和接受程度，更深入地了解他们内心的真实想法，从他们的学习需要出发来推动他们的学习进步。只有在把握学生心理活动的基础上激发他们学习的积极性，才能更好地推动学生的身心发展，实现根本的教育任务和教育目标。

（三）关注差异，采取有效教育方式

不同的学生总会在学习水平、理解能力上有所差异。根据不同班级广大学生的不同特点，以实现学生长期健康成长目标为教育出发点和教育落脚点，可以定期组织各种类型诸如班队讲故事、演讲、专题讨论会等生动活泼的学生班会教育活动，对广大学生进行思想政治教育、感恩精神教育，实现广大学生积极追求内在真善美的美好愿望。

首先，根据不同班级每位学生的学习特点，让班级学生积极参与和自主制订统一班级规章制度和学习奖惩条例，实施学生人人参与班级管理的学习管理模式，班干部可以轮流随时值日，学习领导小组其他成员可以轮流随班值周，充分调动每位班干部和每位班级学生的学习积极性，激活他们的学习主动性，提高他们的管理自觉性，在科学民主的氛围中培养学生良好的行为习惯和自觉学习的习惯。

其次，在班级开展个人操行积分竞赛活动，针对学生在学习、纪律、劳动、礼仪中的表现，每月评出优胜小组和个人并进行总结奖励，形成具有良好竞争氛围的班级面貌，最大限度地激励每一位学生积极上进，争创佳绩。此外，还要促进班级里的家长和教师进行有效的互动沟通，加强两者间的联系和交流，形成家校联合培养的模式，推动学生更好地发展。

最后，对于学生个体间的差异，更需要教师们因材施教，制订适宜各个层次学生的教学方案，尤其是对于学习暂时落后的学生要更加关注，不能过度追赶课程进度，要保证学生及时理解和掌握新课内容；对于学习较优秀的学生，要戒骄戒躁，鼓励他们继续加油。

（四）严于律己，塑造自身师德风范

工作中，班主任要做到为人师表，坚持严于律己，宽以待人。首先，要增强自控能力，控制自己的情绪，始终保持良好、平和的心境，精神饱满地投入工作，把自己看作一个普通的教育者，个人情绪从不带到工作中。其次，作为教师，光有奉献是不够的，振兴民族的希望是教育，振兴教育的希望在教师。教师的职业光荣而伟大，任重而道远。因此，作为教师要有一种紧迫感、使命感和责任感，为了敢于担当，胜任担当，必须不断学习，与时俱进，开拓创新。只有学习新知识，掌握新技能，才能适应社会对教师提出的越来越高的要求。

为此，教师要加强学习的自觉性，认真阅读大量书籍，在学海书山中探索求知，不断充实自己，提高自身的理论素养；并把所学的理论与教学实践结合起来。同时，在教学中注意建立和谐的师生关系和营造宽松的学习氛围，注重学生理解能力、分析能力、答题技巧的培养。此外，要把思想品德课作为德育的重要阵地，在课堂中潜移默化地影响学生，引导学生树立科学的世界观、人生观、价值观。

二、努力成为学生的榜样

（一）深入学生内心，导航学生的灵魂

班主任作为管理工作者，必须深入学生的内心深处，熟谙学生需要什么，在想什么，纠结在何处，变现想法困难在哪里。在这个环节中，教师既要研究班内的学生个体，也要研究学生群体，把收集到的学生的心理信息进行整理，找出突破口，采取引导、疏导等办法逐步地把他们引到正道上来，可以采取以下两种方法：

1. 选用报刊上的先进事迹导航学生

榜样的力量是无穷的。报纸期刊时有典型事例，这些事例有许许多多感人的地方，会对学生的心理产生强烈的震撼，而且能够在他们的灵魂深处引发转变，鼓励学生在生活和学习中树立信心和勇气。说实话，现在对学生进行的挫折教育太少了，他们经不起人生挫折，稍有困难或阻碍，就埋怨父母没有给自己提供一个良好的环境；他们攀比心强，平时喜欢跟别人比车、比房、比现金，比穿、比吃、比舒适。为此，我选用高士其的故事进行讲解。高士其是我国著名的科学家，在做化学实验时药品爆炸，不幸导致双目失明，但是他没有停止手中的工作，没法搞科研，他就通过口述找人代写科普作品，他凭着人生的执着和追求，凭着信念的坚强与不屈，用自己的智慧和心血谱写出了一曲曲身残志坚的时代之歌，受到全国人民的爱戴。当学生听到这个故事时，也会不断反思自己的行为。高士其等一个个故事就像一股股甘泉，浸润着学生的心田，使他们从朦胧中走出，从沉迷中醒悟，渐渐地少了一份怨言，多了一份理解；少了一份悲观，多了一份自信；少了一份推诿，多了一份担当。

2. 给学校建议，聘请演讲家到学校演讲或邀请先进人物到学校作报告

演讲和现场报告会，情景交融，情理结合，会给学生心理和情感一个极大

的撞击，产生火花，点燃学生的理想和希望。演讲家声情并茂，一个眼神，一个动作，会给学生强有力的暗示和内心的震撼，可以从灵魂深处改变学生，洗心革面地改变学生信念，激发学生对学习和生活的情感。记得左文的感恩演讲团来到我校进行感恩演讲时，在场学生无不声泪俱下。演讲家的演讲如一块巨大的磁铁，深深吸引着学生们的心，又像一把无形的锤子不停地敲打着学生们的心，他们把演讲的事例当作镜子反复对照自己，剖析自己，忽然间恍然大悟，发现自己当初错了，深深忏悔。但是仅靠一次演讲是远远不够的，还需要班主任进行巩固教学，否则学生的心也可能反弹。

（二）班主任在课堂教学中要发挥示范作用

为了促使学生信任班主任和配合班主任的班级管理工作，班主任要在教学上多下功夫，讲课形式不拘一格，传授的知识不仅要精练，还要全面，这就需要班主任具备扎实的基本功。在课堂教学中，班主任要以身示范，要求学生学会的知识，自身要先进行深层次剖析和全面把握，如此一来不仅可以给学生提供一个良好的借鉴作用，而且还可以有效推动班级管理。比如：在召开班会时，我们班主任可以提出一些和学习相关的话题，组织和引导不同层次的学生交流合作，如此一来，不仅融洽了不同层次的学生之间的关系，而且可以充分利用集体智慧去弥补学困生在学习中的不足。此外，班主任也可以针对学生现实生活中一些细微事情，结合学习任务，组织和引导学生进行交流，进一步融洽班主任和学生之间的关系，示范性不仅和学生的情感产生了共鸣，而且进一步优化了班级管理效果。

（三）班主任在亲身实践方面的示范作用

一个班级从学习、生活、卫生等方面都离不开学生的实践，更需要班主任的指导，当然这种理论上指导的效果远远比不上班主任亲身实践示范。卫生是一项重要的班级管理工作，令很多师生头痛不已。为此，班主任在布置卫生打扫工作时，不要冷眼旁观和口头指导，而要走近学生，和学生一起进行卫生打扫，在班主任亲身实践的示范作用带领下，学生争着干一些苦活和累活，使卫生打扫工作在一种你追我赶和其乐融融的氛围下高效完成。此外，在班级文化鉴赏上，班主任要积极组织和引导学生动手、动脑，粘贴一些名人的励志名言，黑板报定时更换内容，内容可以是学生学习过程中遇到的问题或者学生生活中的心得体会。如此一来，不仅提升了学生的智力水平，而且提高了学生的实践能力。

此外，班主任还要善于组建一支领导能力强、作风优良、敢于担当和富有战斗力的班干部队伍。"县官不如现管"，由于这些班干部来自学生推选，很容易获得学生的拥护，也更容易得到学生的情感共鸣。有了一支设身处地既带头又管理的班干部队伍帮忙，不仅学习任务可以轻松完成，而且进一步减轻了班主任的管理工作量，这些都是班主任亲身实践示范取得的良好效果。

（四）班主任要积极培养学生良好言行习惯方面的示范作用

结合班级中一些中等生和学困生的不良言行习惯，班主任除了要做好思想教育工作以外，对示范的作用更不容忽视，比如：文明用语、融洽师生之间关系、外在形象优良、有担当等。班级管理工作不是多么宏大的工程，而是体现在细微事情上。比如，黑板是否清洁、学习纪律是否良好、学生学习情况好坏等，班主任要关注这些细节，引导学生养成良好的生活习惯和学习习惯。此外，对于班级中一些细微的不足，班主任不要只停留在语言表达和行政命令上，而要以身作则，亲身示范，班主任的一举一动都被学生看在眼里，深深印在心里，这种无声的教育效果有时候能发挥随风潜入夜、润物细无声的良好教育效果。学生通过自我监督和心理暗示逐步改正自身的一些不良言行。

（五）示范爱心，引导学生健康向上

班主任要以高度责任感和使命感对待班级管理工作，热爱学生，这不仅是班主任的基本素养，更是做好班主任工作的基础和前提。作为一名班主任，我们要呵护学生，要在最短的时间内摸清每位学生的基本情况，随后制订切实可行的班级规章制度，进一步规范学生言行，引导学生健康向上，充分发挥爱的教育的巨大功效，只要班主任对学生倾注爱心，就能叩开学生尘封的大门，走进学生幼嫩的心灵，就能获得学生的尊重和认可。此外，当学生的身体和财产受到不法侵害时，班主任要挺身而出，最大限度地保护学生。用真心对待，用爱心呵护，幼小的弱苗就会茁壮成长。

第二节　教师专业成长

"世界也许很小很小，心的领域却很大很大。班主任是在广阔的心灵世界中播种耕耘的职业，这一职业应该是神圣的。"这是魏书生老师对班主任这一职业最形象、最生动的概括。要做好班主任工作，需要不断地进行专业成长。

一、班主任心理品质的专业成长

班主任专业化发展对心理品质有一定要求，主要源于当代教育强调学生心理健康在学习成长中的重要性，班主任的良好心理品质能增强心理健康教育实力，为指引学生心理健康成长提供有利条件。新时代小学教育改革压力较大，班主任心理品质的提升能助其应对教改挑战，在遇到困难时保持良好心态，在教育研究、创新实践、自主学习进程中一往无前，继而推动初中教育活动持续

发展。班主任心理品质影响其教学观，为使班主任能真正关爱学生群体，需对其心理品质提出要求，打造和谐、稳定、民主的教育环境，为学生良性发展助力。基于此，为推动班主任专业化发展，探析班主任心理品质强化要求显得尤为重要。

（一）树立班主任心理品质，发展自我要求意识

班主任的主观认识对自身心理品质发展起着至关重要的作用，为此，班主任需树立心理品质发展自我要求意识：第一，对班主任工作基本任务有更加深入的认识，除在日常工作中引导学生遵守纪律、学习进取外，还要全面指导、教育、管理学生，助其有文化、有道德、有理想。了解学生群体，从内心出发接纳每一位学生，使班主任在教书育人中做到一视同仁，研究每位学生的性格特点、学业成绩、思想品质、成长背景，接纳学生的差异，有针对性地制订班级常规，旨在指引本班学生学习成长。第二，重视自我约束，对自己有更高的要求，在日常教育工作中用平常心待人接物，将学生身心健康成长作为衡量自身工作成果的重要标准，剔除功利性，坚守教育初心，除遵守学校各项规定外，还需将学生对自己的喜爱度视为发展动因，确保班主任工作认真负责、敬业奉献、积极进取，不辜负"人类灵魂工程师"的美誉。

（二）立足工作岗位，加强专项研究，为心理品质强化指明方向

班主任专业化发展对心理品质提出了更高要求，要对学生有耐心、爱心、责任心，在教育改革中具有抗挫折能力，内心更加强大，有应对教育挑战的决心与勇气，在专业化发展中自律、自知、自信，能调试情绪、竞争合作。因为班主任的专业化发展目的、现状、需求等方面存在区别，为此对其心理品质的要求不尽相同，需指引班主任进行专项研究，找准个人心理品质强化着力点。首先，反思自省，发现个人在专业化发展中心理品质存在的缺陷，如韧性不

足、耐心不够、缺乏信念感等；其次，根据反思自省结论规设专项研究主题，如"在教书育人中增强韧性""班主任应永葆教育初心"等，通过系统性研究疏通心理品质强化渠道；再次，立足工作岗位推行研究成果，以班主任与学生交流互动方式的变革为例，班主任可在校门口设立意见箱，学生可在上下学途中将写给班主任的信投入其中，班主任在阅读信件的同时，从中汲取对于个人教书育人工作优化升级有益的养分，发挥学生鞭策自身成长的优势，重视学生的感受，充分尊重学生，在爱心、责任心、进取心的指引下强化班主任心理品质；最后，专项研究成果的推行并非立足工作岗位班主任心理品质强化的终点，相反，是新一轮心理品质良性发展的起点，需要班主任关注育人实况，发现相关研究成果运用的不足之处，从实际出发加以改善，建立班主任心理品质强化闭合回路，继而符合班主任专业化发展对心理品质提出的要求。

（三）基于班主任专业化发展健全增强心理品质的体系

明确心理品质健康发展特点。第一，心理品质具有能动性及受动性统一、主观性及客观性统一、社会性及自然性统一、差别性及共同性统一等特点，班主任需对心理品质提出固定性、多样性、批判性要求，为心理素质不断增强给予支持。例如，从固定性角度来讲，班主任需认真负责、爱岗敬业、团结协作、关爱学生；从多样性角度来讲，班主任还需视野开阔、文化修养较高、有抗挫折能力，相信自己能完成育人任务。第二，用专业办法评价班主任心理品质。基于个体心理环境及发展要求不尽相同，为此，需用专业办法对每位班主任心理品质进行评价，例如规设心理品质调查问卷，通过调查结果统计与分析来掌握班主任心理品质发展动态，有导向性地提出具体要求，如要求班主任控制好情绪等。第三，加强班主任心理健康辅导，为班主任内心情感的释放提供端口，避免情绪熔断，纾解工作压力，使班主任心理品质得以强化。

二、班主任专业成长现实策略

（一）转变目前班主任的固有理念，进行专业化的培训

在适应时代变化的同时促进班主任的专业发展需要完善的理论支撑及培训机制。班主任存在不专业情况，在很大程度上是由于担任班主任的教师没有完全适应自己的角色，同时也没有完善的培训过程对他们进行专业化的培训。在理论构建方面，相关教育部门可以对其加大支持，以资金、组织教研人员等形式开展专业化课题，对班主任所需的专业化知识以及实际工作中应该如何开展培训等进行探讨，编写出适用于班主任专业知识的教材并选择相应的学校进行试点研究，之后再逐步推广到更多的学校。对班主任群体进行有组织的专业性培训是一种快速提升其专业能力，完善相关知识构建的有效途径。学校也需要承担起相应的责任，定期针对班主任开展相关培训，组织校内各个担任班主任职务的教师进行交流学习。同时，学校还可以适当地与友校之间开展交流合作，让各个学校间的教师能有更多的交流机会，在更大的范围内对相关专业知识及思想进行交流分享。

同时，新时代背景下的班主任还需要加强自身的学习能力及对时代的适应能力，在互联网发展迅猛的当今，需要紧跟时代潮流，接触如微课、慕课等新的学习渠道，不断地进行自我提升。班主任可以通过相关论坛等分享自身工作经验以及与其他班主任进行工作交流，让这个区域乃至整个国家的初中班主任能够共同学习和发展，激发其学习专业知识的积极性，同时也可以在不断的交流反思中让其对班主任这一工作有更加深刻和全面的认识。

（二）构建更完善的班主任管理方案及激励方法

随着时代发展，班主任的管理可以用更加现代化的方式进行，可以根据学

校的计算机系统，请专业人员开发班主任工作系统，对班主任工作情况进行记录和评价，也让各班主任间的交流不再拘泥于某一具体场地，在时空上具有更强的自由度进行经验探讨，促进班主任更好地提升工作水平。班主任相较于普通的科任教师需要承担更多的工作内容，在授课的工作之外还需要对学生进行管理，让整个班级的学生都能朝气蓬勃、健康成长，这就使班主任的工作负担变重，需要一定的激励方案和制度来提升其工作积极性。首先，可以提高担任班主任这一职务的教师的薪资待遇及制定相应的绩效标准，让其工作效果能与其绩效、津贴等相联系，这既有利于对班主任工作的激励，也有利于对其工作进行更好的监督。其次，可以利用计算机技术，对班主任的工作评价机制进行完善，使用更加现代化的方式对班主任进行管理，以数据的形式对班主任工作情况进行分析对比，定期对表现优秀的班主任进行表彰、评优，以及根据相关数据分析对管理方案进行优化。

（三）实践积累经验

主要是通过日常班级管理工作中的自然积累，使班主任逐渐具有班集体建设和管理的专业知识与专业能力，成为有实际经验的管理者。

1. 班主任要实践怎样教好书

班主任首先是一个科任教师，教好书是班主任的基本职责之一，这要求班主任想方设法教好自己所任教的学科。我们都知道：教书简单，教好书难，怎样教好书永远值得我们去探索。

2. 班主任要实践怎样管理好班级

管理班级也是班主任的基本职责，怎样建设班集体，怎样策划班级活动，怎样进行思想教育，怎样进行心理健康教育，怎样科学评价学生，怎样与家长沟通等基本技能都需要在实践中逐步获得。

"纸上得来终觉浅，绝知此事要躬行。"班主任只有在实践中才能获得教书育人、管理班级的真知。在平时的工作中，班主任可以为自己建立资源库，把平时的工作进行真实记录，包括每学期初的工作计划、每次的班队会活动记录、每次与学生进行的谈话交流等，通过积累资料为自己以后工作提供借鉴，丰富经验。

（四）学习拓宽视野

主要是通过读书学习、跟师学习、参加培训、交流研讨及听专家讲座等方式，使班主任较快地认清教育改革发展形势，开阔视野，获得班级管理专业知识，学到某些专业技能。

1. 要向书本学习

高尔基曾经说过"书籍是人类进步的阶梯"。班主任无论多忙也不能不看书，无论多穷也不能不买书，无论房间多狭窄也不能不藏书。读一本好书，就像与一名专家对话。在读书过程中，记好读书笔记，结合自身工作实际写好教育随笔，摘抄教育名言和经验等是帮助班主任获取专业理论知识、提高专业素养的方法之一。

2. 要向专家、同事、家长学习

班主任要集思广益，虚心求教。班主任要珍惜每一次外出培训的机会，如参加岗位培训、聆听专家讲座。有了专家的引领，班主任将会更快成长。"姜还是老的辣"，同事的先进经验同样值得班主任学习、借鉴，特别是年轻的班主任要虚心向老教师拜师学艺。家长也是宝贵的学习资源，家长的优秀家教经验值得班主任去宣传、推介，失败的教训值得班主任及时警示其他人，避免重蹈覆辙。

3. 要向学生学习

我们都知道"教学相长"的道理，班主任也应该虚心向学生学习。在教学与管理的过程中，班主任的工作有时出现偏差是不可避免的，这时可以像学生一样勇于检讨自己、虚心接受。班主任还要学会经常请教班级里的小干部，请教班级里的每一个孩子，制订出适合班级孩子特点的班规班纪，设计出适合班级孩子个性的活动。

4. 要向网络学习

网络是新兴的传播媒体，以其海量的信息、快捷的速度等优点深受大家的喜欢。班主任也不能忽视网络这一强势媒体。教育在线（班主任论坛）、班主任之友论坛、中国教师研修网、中小学继续教育网……都是适合班主任专业化成长的网站，有很多班主任在上面围绕班级工作中的实际问题展开讨论，进行交流和学习。

（五）反思增强理性

主要通过不断地对日常工作进行理性思考，发现问题，及时总结，理清思路，形成自己对班主任工作的深刻认识。经常反思会使我们对班级管理工作有的放矢。

1. 要反思教学成与败

在教学中，我们不可能每节课都做到十全十美，即使是内容相同，不同班级、不同年份，我们采用的教学方法、教学手段、教学策略等都可能不同，究竟怎样最好，值得我们去总结、反思。班主任撰写教学后记就是一种反思，教学后记可以记下我们一节课中的得意之处，可以记下教学过程中出现的诸如教材处理不当或师生配合不好之处，还可以记下在课堂教学中出现的事先没有想到的疑难问题等。

2. 要反思育人得与失

在班级管理中，我们会积累很多的感性认识，有个体的，有群体的；有成功的，有失败的。如果不及时积累，不经常反思，灵感就会悄然离去，我们就永远是一个教书匠。为人所敬重的教育家的教育方法往往都已臻炉火纯青的境界。

附1：

名班主任工作室两年期满个人学习反思

2018 年，我有幸成为广东省名班主任陈燕平工作室的学员之一，为期 2 年。蓦然回首，2 年似乎弹指间就过去了，感谢工作室这个平台，感谢各位成员及学员老师，特别感谢陈燕平老师，这 2 年来让我成长得很快，也学到了很多很多。一直以来，我不忘初心，矢志不渝，把"悉心浇就枝叶美，何愁桃李不流丹？"作为座右铭，坚持"用爱心唤醒爱心，用智慧引爆智慧"的教育教学理念，创新了"美、乐、爱"教育学堂的教育模式。我这 2 年来的思想、学习和工作情况总结如下：

一、安心定志，投身教书

我是一名共产党员，教书育人是我的梦想。这 2 年来，我始终以共产党的标准严格要求自己，认真学习马克思列宁主义、毛泽东思想、邓小平理论、科学发展观、"三个代表"重要思想、习近平新时代中国特色社会主义思想，坚定理想信念，在思想上、政治上和行动上时刻同党中央保持一致，坚决拥护党的路线和各项方针政策，遵纪守法，作风正派，热爱党，热爱祖国，热爱自己的教育事业，把"富强、民主、文明、和谐、公正、自由、平等、法治、爱国、敬业、诚信、友善"作为自己最高的价值取向，把人民、学生的追求作为自己的奋斗目标；把关心学生、热爱学校、教书育人作为自己工作的出发点和落脚点。保持与时俱进，奋发有为，开拓进取，勇于奉献，为实现中华民族伟大复兴的中国梦而努力奋斗的正能量。以自己良好的师德和形象去影响学生，教育学生。

二、碧血丹心，志在育人

我怀着满腔热情，全身心投入到教育教学工作上。在工作中，我坚持做到如下三点：

一是以勤载德，为人师表。我懂得"名师出高徒"，要教好学生，首先要提升自己。在我担任英语教师教学的工作中，我一丝不苟，不断创新，深入研究中学英语特点及规律，用心分析学生的英语水平和学习状态。为了提高自己的传授效果，在教育学生的同时，也不停地给自己"充电"。比如，我专门购买了一系列有关英语课堂教学的书籍，订阅了《英语周报》、魏书生的《教学工作漫谈》等书籍进行学习，为自己的英语教学打下了坚实的基础。

二是以爱育情，感化学生。在德育和班级管理工作中，我积极开展"优点储蓄银行"、"学生操行评定细则"、"小奖状比赛办法"、"让我夸夸你"、轮值编辑《班级日报》等一系列活动，同时以寂静法师的《让世界因我而美丽》为蓝本，改编了《让学校因我而美丽》《让班级因我而精彩》《让别人因我而幸福》《我是大自然最伟大的奇迹》等一系列的能量朗读，同时将这些能量朗读设计了一系列的班级主题活动，通过这些主题活动，培养了学生良好的行为习惯，塑造了学生优秀的人格魅力，这一举措成了提升学生和转化学生的精神动力。2018年，我任教的班级是全校公认的历届基础最差、学风最差的班级，但经过一年的努力，实现了质的飞跃。2019年在化一中提前招生竞赛中，5人参加考试，4人上线，上线率全市第一；2019年中考，我所带的班级，多人考入化一中，实现了学校历史性的大突破。还把班中一个集"网虫、小混混、调皮仔"于一体，名叫飞哥的学生，转化成了有强烈班集体荣誉感和责任感的"班级形象代言人"，并以高分考入了市重点中学。2017年、2018年和2019年连续三年，在学校领导下，我成功地策划并主持了学校的中考百日誓师大会和家校联动的亲子教育讲座家长大会。

三是寓教于乐，以趣育人。在英语课堂教学中，我发现一些基础不好的学生，认为英语枯燥、难学，慢慢失去了学习的兴趣，成绩越来越差。为此，我在课余时间组织"百词王""背诵能手""Crazy English"等比赛，在课前进行话剧表演，说英语绕口令等，让学生在娱乐中体味到其中的乐趣，提高学习英语的兴趣。九年级（7）班张同学一直对英语不感兴趣，甚至有抵触抗拒情绪，后来因为参与上述活动，又慢慢恢复了对英语的兴趣，我趁机加大辅导力度，让他每天利用 5 分钟时间大声朗读一篇经典短文，以增强语感，然后试着把他认为好的句子背诵下来，鼓励他在写作中多加运用，结果他中考以优异的成绩勇夺英语单科状元。

三、潜心笃志，教研不止

我坚持边任教、边学习、边研究、边撰写教学教育论文，不断总结工作经验，提高教育教学能力，拓宽理论视野，丰富专业知识。多年来，我大胆创新教学方法，优化课堂教学，提升教育教学质量，并撰写了大量的教学论文，设计了很多的优秀教学教育课例。

四、悉心指导，培养新秀

教书育人是我的天职，指导学生参加各种比赛是我的习惯和爱好。尤其是在英语方面，无论是平时还是上级举办的各种比赛活动，我都耐心地加以辅导和指导。凭自己的能力和经验，针对不同的比赛要求和每位学生的个人特点，采取不同的指导方法，较好地提高学生的参赛能力。几年来，凡经我加以指导的学生都能取得较好的成绩。除了辅导学生，我还把培养青年教师作为自己的职责。我多次面向全校青年教师举行"英语新课程中教师角色的转变""建设良好班集体"等专题讲座。经常为青年教师上示范课，也常深入听他们的课，有针对性地指导他们如何准确把握新课标的要求，如何整合教材的资源，把自己多年摸索出来的好经验、好教法传授给他们，效果显著。如黄玉梅、何叶老师在我的指导下已成长为化州市教坛新秀；指导何叶、黄伟平等多位老师参加化州市优秀课例评选获一等奖；莫华莉等 8 位老师在我的培养下已被评为化州市优秀教师、优秀班主任。

工作虽然辛苦，但我无怨无悔，毕竟我的生命和我所带的师生的生命一起芬芳过。这 2 年来，我是取得了一些成绩，但教学是无止境的，今后我将加倍努力，用自己的行动去影响和带动周围更多的人，为山区的教育事业继续奉献自己的力量。

第三节　师生和谐互动

初中生的健康成长离不开一个和谐、温馨的班级环境。班级是初中生与班主任之间建立师生关系的主要场所，班主任教师要与初中生建立一种关爱、互助、温馨、和谐、信任的师生关系，为初中生的学习和生活创设一个和谐、温馨的班级环境。一个和谐、温馨的班级的构建需要初中生和班主任、科任教师一起互动努力。

一、和谐互动必须重视学生

（一）关心学生是前提

教育事业就是爱的事业，没有爱就没有教育。作为一名教师，就应该关爱每一位学生，让学生在感受爱的过程中，理解爱，学会爱。对每一位学生的关爱都应该是毫无保留的，无论是品学兼优的学生，还是顽皮、学习成绩不理想、需要心理疏导的学生，教师都要主动去亲近和关爱他们，让学生感到教师是自己最信赖、最尊敬、最亲近的人。要经常把更多的爱倾注在那些后进学生的身上，倾注在那些需要帮助的学生身上。和谐的师生关系不是利益关系，不是交换关系，不是权力关系，也不是亲情关系，而是一种出于内心真诚情感的平等友爱、纯洁健康的关系。

（二）尊重学生是基础

首先，要尊重学生的人格。我们必须把学生作为一个有思想、有看法、有需求、情感独立的"人"来看待，要正视他的存在，理解他的愿望，看到他的努力，赞赏他的成就，并鼓励他敢于维护自己的合法权利。其次，要尊重学生的情感。学生的情感本来就和大人不同，我们不能违背客观规律强求学生和我们想的一样。还要尊重学生的爱好，我们希望每个学生都有自己的爱好，培养学生一种对某一件事专注的精神，一种有所追求的思想，一种想做并能做好事情的信念，一种能从爱好中寻求生活乐趣的习惯。最后，要尊重学生的创造。在教育教学中，要有意识地培养学生的求异思维、发散思维和逆向思维，鼓励学生与众不同、标新立异和突发奇想，少对学生说"别""不要"，要欣赏学生的"淘气"，不要把"听话"作为优点来强化。

（三）信任学生是桥梁

信任是心灵相通的桥梁、家庭稳定的纽带、化恶为善的基石。要想取得学生的信任，作为教师必须要有高度的责任心，不断提高自身的教育管理水平和教学水平。我以前带过的一个班级中有一个女生，平时总爱说谎，有一次上操前，她向我请假说身体不舒服，不能运动，这时有知道情况的学生告诉我她在说谎，考虑到她的自尊心，我没有当面揭穿她的谎言，只是看了她一眼，从她的眼神中我看到了一丝慌乱，最终我准了假，她的眼神中更多的则是感激。从那以后，这名女生再也没有无故请假过。可见，尊重学生，给予他们信任，给予他们自我改正的机会，能让他们更好地成长。

（四）沟通学生是内涵

如果师生之间建立了相互信任、尊重、彼此接纳、理解的关系，那么任何教育活动都可以使学生产生兴趣而被接受。我班的赵同学家庭特殊，父母离婚，父亲整天不务正业，母亲再嫁，孩子在家缺乏爱，缺乏尊重，很自卑，成绩也不好。我便多次和她谈心，了解她的内心，并且不断开导她：你改变不了父母，改变不了现实，只能改变自己，不断努力，将来实现自己的目标。经过谈心，她想通了，而且取得了很大的进步。

（五）欣赏学生是根本

欣赏是阳光、空气和水，是学生成长中不可缺少的养料，因而教师作为教育者，不妨用赏识的眼光对学生的点滴进步都予以发自内心的表扬和赞赏，努力让我们的每位学生都能感觉到自己的进步。在学习过程中，个性非常突出的学生，经常表现得与众不同，他们的想法和思考问题的角度总是别出心裁，闪耀着创造的智慧，教师要及时地表扬他们。比如，陈同学刚来我们班时，行为规范极差，我行我素，在他的意识中，人人都要为他服务，而他从来都不想服务他人。我默默地留意他的言谈举止，关注着他的细微表现，认真了解他的过去，发现他出现这种状况的原因是前一个学期被老师批评得太多，导致同学看不起他，给他造成了心理压力，形成了悲观情绪，变得性格内向。不过，在了解中我却发现了他的另一面。其实即使这样"令人讨厌"的学生也依然有他的闪光点，他也渴望被关注、被表扬、被别人看得起。因此，我不是批评和指责他，而是给予他更多的肯定和鼓励，力求在暗淡中寻找亮点，当我发现他有点滴进步和变化时，就给予充分的肯定和发自内心的表扬及赞赏。使他感受到了被老师、同学认可的幸福和光彩，如今的他变了，简直像换了一个人似的，这学期被同学们一致推选为劳动委员，学习成绩也慢慢开始进步了。

曾经有段时间，因为学生的频繁迟到、卫生不到位、跑操口号小等问题，我心情烦躁，言谈中充满了斥责和批评，眼神中流露出种种不满意，班级学生小心翼翼，失去了以往的活力，一种沉重紧张的气氛笼罩着全班，这种状况一直持续到合唱比赛，一直知道班级里的学生爱唱歌，而且有些唱得还很不错，校本课程中有多人入选合唱班，班里几个活跃分子更是唱歌跳舞的好手，节目的策划、排练到演出，衣服的选择、购买到分发，指挥的选拔、led背景的确定，都在文娱委员和班干部的安排下，井然有序地进行着，我始终以审视与怀疑的眼光看他们，不知道这帮家伙从哪儿来的热情，而且没想到这帮家伙还这么能干，音乐老师对他们也是赞不绝口，合唱比赛最终获得优秀合唱团的殊荣，受到了校长的表扬。加德纳的多元智力理论告诉我们，人的智力至少有8种，即言语——语言智力、音乐——节奏智力、逻辑——数理智力、视觉——空间智力、身体——动觉智力、自知自省智力、人际交往智力和自然观察智力。合唱比赛结束后我进行了深刻的反思：或许我的学生有许多问题或不足，但这绝不是放弃他们的理由，我应该做的是捕捉良好的教育契机，为他们提供展示自我的舞台。借助这次合唱比赛，我发现了学生们身上优秀的一面以及他们出色的音乐天赋，自合唱比赛以后，学生们自信了很多，师生关系融洽了许多，更多的学生从内心里愿意承担起班级的工作，班级工作慢慢形成了良性循环。我想：我们班主任老师都喜欢被领导赏识，工作被领导肯定和表扬，更何况是一群尚未成熟的中学生？因此，只有当你关注学生成长过程中的一点一滴时，当你知道每一位学生的好，并且创造机会让大家知道他的好，让每一位学生在各自擅长的领域有所收获，找到自己的生长点，才能最大限度地促进每个个体的发展。这两件事的结果告诉我：无论是个体还是群体，只要我们善于发现他（他们）的闪光点，又善于发挥这些闪光点，像阴雨天看到的第一缕阳光，它很快就会把前面照得通明透亮，再复杂的问题也会迎刃而解。

（六）尊重理解学生情感

学校每逢有外来考试，班级都要安排考场，在一次考场安排完的例行检查中，我意外发现学生课桌上贴着一张小纸条，上面写着某某同学已离开39天，这个意外的发现令我内心微微一颤，撩开师生平静相处的面纱，无意中捕捉到学生情感上的脆弱点。当时适逢初三下学期刚刚开学，这位同学学习成绩年级拔尖，是班里学生们学习的榜样，因该生学习上有更高的追求于下学期到外地借读。人非草木，孰能无情？长时间的师生相处，班级优秀分子的离开，面对的是挥不去的留恋，留下的是抚不平的伤害。我们现在面对的学生，独生子女家庭为数不少，即便是二孩家庭，两个孩子的年龄差距往往过大，四十多岁的父母顾得了小的顾不了大的，部分孩子在情感上是孤独的，心理学研究表明，进入青春期以后同伴交往对孩子的社会化发展有重要影响。在与同伴的相处中，孩子学会从别人的角度思考问题，学会理解他人，这都是社会化发展过程中非常重要的素质。好的教育都是好的师生关系，好的学校教育不应只盲目追求学习成绩，学生健全健康人格的塑造也尤为重要，因此，中学生的情绪情感教育不容忽视。

在意识到上述问题后，我在下学期采取了以下措施：第一，搭建交流和沟通桥梁。在交流时不应仅局限于学生的学习，还应扩展到其思想、生活和情感，从各方面及时捕捉学生的情感波动和行为变化，走进学生内心，帮助他们更好、更全面地发展。第二，关注同伴关系，促其共同成长和进步。中学生对同伴关系有很深的需求，他们在与同伴相处的过程中谋求和谐一致的发展关系。我们不妨通过学习小组、竞赛活动以及各种有益身心健康的文体活动，把一群志同道合的小伙伴聚集起来，通过深入讨论，促使他们在思维碰撞的过程中相互影响，共同进步；通过关注学生在参加活动过程中的情感体验，引导学生学会合作，学会相处。第三，从学生的角度思考解决问题。对于这些过五关斩六将升入初三的学生而言，他们内心里最为关心的始终还是学习成绩，成绩的进退容易令学生情绪产生波动。下学期的主要任务就是中考，时间紧，任务重，教师和学生面临的压力都是史无前例的，面对巨大的压力，在与学生畅谈怎么减压、怎么应考时，引导学生既要有浓厚的师生、同学情感，又不要"为情所困"，送给他们四个字"抱团取暖"，进入学生的心，由于思想工作到位，最后两个月复习还算比较满意，学生也取得了良好的升学成绩。

二、和谐互动师生关系的建构

（一）"和谐的师生关系"是时代发展、教育改革的必然

我们以前经常听说"师道尊严""师徒如父子""严师出高徒"，但现在我们很少有这么高境界的体会，相反，在教学质量这座大山的重压下，好多教师和学生都为"分数"疲于奔命，随之而来的不合实际的高要求、超负荷的作业量使得师生都承受着巨大的心理压力，一边是负有责任心的教师在强制学生学习：不转化你誓不罢休；一边是丧失选择自由被迫学习的学生，把教师的行为看成是压抑、侵犯，久而久之，师生关系紧张、尖锐，这样的教育效果可想而知。

相反，如果我们从"亲其师，信其道"入手，首先和谐师生关系，让学生先接纳我们，和学生处于一种平等、信任、理解的状态，营造和谐、愉悦的教育氛围，这就要求我们以学生身心健康为本，和学生心理相容，形成师生真挚的情感关系，从而让每位学生都能感受到自主的尊严，感受到心灵成长的愉悦。

我们都知道，魏书生老师从教几十年，不只是教几个班的语文课，而且带好几个班的班主任，还要经常外出开会，作报告，然而他所教班级的学生不仅成绩好而且还很轻松，很多人问他有什么秘诀，他只说："我经常跟学生商量，不知道这算不算秘诀。"魏老师这里所说的"商量"，其实就是"和谐"的一种直接体现。

（二）班规班纪的执行要"和谐"

学生违反纪律一定要受到纪律处分，这一点可以说是天经地义的，但是怎样才能使受到处分的学生心悦诚服地接受处罚而不产生消极的抵触情绪呢？学生违反纪律本来是件不好的事情，学生也不高兴，如果班主任再一味地指责和处罚，即便是有"法"可依，学生也会产生抵触情绪：他会认为班规是班主任的一个武器，正好来处理学生。那我们到底应该怎么做呢？换位思考一下，不

难理解，越是犯错误的时候越需要别人的理解，甚至是感情上的慰藉。

所以我在和学生们一块儿定班规的时候，就让他们觉得合适，既能起到告诫作用，又能使学生们吃得消，这就叫作"民主化定规，大众化执行"。

如对违反纪律情节较轻的学生，我罚他上讲台唱歌或讲故事（要求脱稿），情节较重的罚他写字数不等的说明书。一些老师可能会说罚得这么轻的话，学生以后还会再犯错误的。其实不会，这种情况上台唱歌不是艺术节表演，他不会感觉光彩，也不会有自豪的感觉，因而也不会因为自己会唱歌就常犯错误；相反，这样的方式可以唤醒学生的自尊心，有时对该学生的口才和胆量还是一种锻炼和考验，如果他表现得好，获得了同学们友善的掌声，他反而会因为自己的错误有损集体的利益感到不好意思，也能让他意识到自己并不比别人差，还能让他感觉到集体的温暖，真是一举多得。

（三）特殊学生特殊对待也是促成班级和谐的重要做法

我们的学生中大致有以下几类需要老师特殊关照才能达到真正的和谐班集体：

第一类是沉默不语型。这类学生自卑感强烈，自信心弱，很敏感，独立性强，不愿意多依赖别人，但感情上又很渴望亲情、温情。所以，老师同学的关心爱护是医治他们的最好药方。老师要用细致、关切的爱护之情去关注他们，有意识地发现他们的长处，让同学们对他们刮目相看。如我班上的某同学，一个学期里我几乎听不到他跟别人说话，更别提主动回答问题了，在一次英语阅读教学中，我点名让他开始朗读某段，我发现他虽然朗读速度不快，声音也比较小，但是发音比较标准，于是我特意表扬了他。从此以后，我发现他上英语课的积极性提高了，回答问题的声音也更大更清晰了。他尤其喜欢英语阅读，我也经常给他机会，使得他的英语成绩提升很快，同时他的性格也变得更加开朗，愿意跟同学交流互动了。

第二类是学习困难型。这类学生在某些学科或技能方面可能面临困难，容易产生挫折感。对于他们，老师可以提供额外的学习支持，例如辅导或额外练习，同时给予鼓励和肯定，帮助他们树立积极的学习态度。如我班一个学生其他科学习成绩不错，可在数学方面遇到了困难，成绩一直不理想。于是我找到数学科任老师沟通，数学老师在课后为他提供额外的辅导时间，耐心解答他的问题，并鼓励他多做练习。同时，作为班主任的我也在班级中分享他在其他领域取得的进步，以树立他的自信心，让他明白努力是可以取得成就的。

第三类是情绪波动型。这类学生情绪变化较大，可能因为个人问题或家庭原因而情绪低落或易怒。老师可以耐心倾听他们的烦恼，并提供适当的心理支持，也可以通过开展情感教育活动帮助他们更好地管理情绪。曾经一位学生因父母离异问题常常情绪低落，影响了学习和社交。班主任与他一对一交谈，表达理解和支持，同时向学校的心理健康服务推荐他。班主任还组织了一些班级活动，鼓励全班同学互相分享他们的情感体验，以减轻这位学生的孤独感。

第四类是社交障碍型。这类学生可能在社交方面存在困难，难以与同学建立深入的关系。老师可以组织小组活动，鼓励他们与不同同学互动，培养他们的社交能力和合作意识。例如，如果一个学生在与同学交往时总是显得害羞而退缩。老师在小组活动中有意识地将他与不同同学分组，为他提供更多机会参与合作。老师还鼓励他参加一些与兴趣相关的课外活动，以扩展他的社交圈子。同时，老师鼓励全班同学共同营造友好的班级氛围，让他感到更受欢迎。

针对这些不同类型的学生，老师需要采取不同的关照方式，理解他们的需求，帮助他们克服困难，促进班级的和谐。通过细致的观察和耐心的引导，可以帮助每位学生在学校环境中获得积极的成长体验。

（四）优化课堂教学，构建生动活泼的教学模式

教师要以平等的身份参与学生的学习交流，从学生的实际出发，采用灵活

多样的教学方法，启发引导学生思考。

具体做法有：创设灵活多样的教学情境，激发学生的学习兴趣；以教师为主导，充分发挥学生的主体作用，倡导自主合作探究的学习方式，引导学生积极质疑、解疑，增强学生的兴趣和信心，强化学习意志，提高课堂效率；进行积极评价，鼓励创新思维，提高创新能力。

（五）不断提高教师自身修养，努力完善教师自身个性

一个既有崇高精神、高尚道德，又有扎实学识、良好个性的教师，一定是学生爱戴、敬佩、亲近的好教师，这样的教师一身正气，浑身散发着不可抗拒的正能量，学生怎能不爱戴？怎能不亲近？师生关系怎能不融洽？人常说："学高为师，身正为范。"所谓的身正，就是在高尚的师德引领之下的高尚行为，而关爱学生则是师德的灵魂。苏联著名的教育家苏霍姆林斯基说过，"没有爱的教育不是真正的教育"。关爱学生，是融洽师生关系的前提和基础，同时也贯穿整个教育教学过程的始终。爱学生，就是公平公正地对待学生，尊重、理解、宽容学生，俯下身子亲近学生，做学生的知心朋友，嘘寒问暖，循循善诱，急他们所急，想他们所想，用火热的心去温暖每一位学生，从而赢得学生的信任、爱戴。作为教师要严于律己，宽以待人，不断加强学习，提高自身修养，做一个真正的"四有"好教师，同时还要努力完善自己的个性，使自己拥有热情大方、活泼开朗、乐观向上、平易近人、认真负责、幽默风趣等优秀品质，从而形成良好的个性，以此去亲近学生、感染学生、教育学生，这也是优化师生关系的重要保证。

（六）强化思想教育，优化教育方式

中学生意志薄弱，辨别是非能力差，但可塑性非常强，是人生观和价值观形成的初级阶段。因此，在人际关系复杂、价值观多元化的今天，中学生思想

教育工作显得尤为重要。育人，是教师的神圣职责，也是首要任务。要教育学生爱国爱民爱他人，诚实做人，踏实做事，团结友爱，心怀感恩，积极向上，乐于奉献，也只有这样才能真正构建民主、平等、和谐的师生关系，也只有在这种师生关系之下，才能构建高效课堂，实现高效教育，培养出品德高尚、乐观向上、与时俱进的新型人才。

（七）正确面对学生过失

班级每天都有新故事，所以班主任工作辛苦。就拿学生违纪来说，学生性格迥异，有些学生犯错一点就知道，有些学生不光改正难，让其认错都得你想尽办法……首先，我们的教育对象是正处于青春期的未成年人，众所周知，脑发育的不均衡会使得青春期孩子产生情绪问题，面对如此敏感、情绪多变的青少年群体，如果他们把这些不良情绪全都掩饰起来，不叛逆、不发泄、不吐露，那么他们的内心必然会堆积起大量的负能量。对我们一线教师而言，学生的内心事务即成长过程中遇到的问题如果不能得到及时的疏导，那么教育教学中的冲突就在所难免。当遇到学生犯错时，首先，我们要摆正自己的位置，我们是成人，是教师，要怀揣一颗包容之心，要控制好自己的情绪，以平等、理解的态度走近学生。其次，我们在解决问题时要做到对事不对人，个人的问题个别教育，集体的问题可以通过班会进行思想上的引领和解决，要让学生感受到教师的批评是为了全体同学的进步和他本人的成长，这无疑是最为妥善的处理方式。最后，面对短期无法解决的问题，要有足够的耐心去了解问题产生的背景和原因，寻找解决问题的方案时要注意做到对症下药、循序渐进。

（八）打造自身过硬素质

面对不断变化的学生群体，作为教育者不仅要顺应时代，还要不断调整对学生的定位，这需要我们每个人都以终身学习者的身份去重新定义自己，做到人人皆学、时时能学、处处可学，唯有如此，才能在思想上、知识上引领学生不断前行。同样是爱学生，怎样让学生体会到你的良苦用心，是需要我们每一个做教师、做班主任的认真下一番功夫的，也许我们可以换一种表达方式去传递我们的爱心和责任心，让学生在春风荡漾中沐浴教育的和煦阳光。也许我们需要在惩罚学生时，不能仅仅追求惩罚的外在效果，而是要把重心转移到学生在接受惩罚过程中产生的积极效应和体验结果，需要讲究采取惩罚的方法和艺术。或者说，也许有时适当地放手并积极引导，比一味地执行学校制度和行为规范效果更好一些。但是也不能否认有些学生因为教师时间、精力的原因，以及受自身、家长、社会等因素的综合影响，我们的工作并不能触及他们的心灵和问题的要害，对待这样的学生我们能做的只有等待或创造时机让他们成长，无法强求。我很欣赏这样的一句话："教育不是让人性变好，而是约束人性中的不好。"因此，我们不妨做一名民主而严格的教师。学生作为未成年人，需要关爱，所以民主就是学会倾听和采纳学生的感受和意见。学生作为受教育者，又是被管理者，在不断犯错中体味着成长的痛苦，而其将来要成为社会人，需要具备公共空间的规则意识和文明行为，有理有度的惩罚教育对其是必要的，所以一些规则和要求一旦达成共识，就不要轻易松懈。要做到这些，班主任老师就要有过硬的教学本领和较高的管理技巧。而这些，不但体现在管理中，更多的还体现在师生间的互动中。

师生间的互动，不仅体现在课堂教学中，也体现在教室外，更体现在生活里。这种师生间的互动无形中就树立了班主任老师在学生心中的优秀形象，从而起到了耳濡目染的作用。接下来，让我们一起欣赏一下师生互动镜头吧，感受孩子们纯真的情感，看看彼此眼中的形象。

附2：

师生互动的场景

不一样

2019 年 1 月 28 日，腊月二十三，小年，过年的气氛越来越浓，回家的脚步越来越近，然而，在拥挤的归家人潮中，还找不到 217 班孩子常年外出打工的父母，老师和孩子们都知道，家长们是想让孩子生活得更幸福点，才推迟了归期，他们也都知道，看着这回家的人潮，家长们对孩子的思念也更浓……不过，朱叶梅老师请家长们不要为孩子担心！她承诺：不一样的我们，有着不一样的经历，不一样的班级，有着不一样的学堂；跟着不一样的老师，过着不一样的日子。之后就有了接下来"不一样"的故事——包粽子！家长们在微信群里看着老师带着孩子搞活动的照片，内心无不充满感动！朱老师也被家长们的一声声感谢感动着，写下了不一样的打油诗！

> 不一样的我们，不一样的梦想，相遇相识相知，不一样的感情。
> 不一样的老师，不一样的指导，良师益友亲人，不一样的感觉。
> 不一样的小组，不一样的合作，会的教不会的，不一样的课堂。
> 不一样的学习，不一样的粽子，尝试实践甘甜，不一样的心情。
> 不一样的劳动，不一样的味道，用心用力用情，不一样的收获。
> 不一样的身份，不一样的付出，只为孩子成长，不一样的感动！
> 不一样的我们，不一样的感悟，全为成就未来，不一样的故事！

旦叔教球

谢泽恩，那务新街人，化州市那务粮所主任，我们都亲切地叫他"旦叔"。

旦叔酷爱排球，从事过教练工作，带出过像莫亚李等国家级排球健将。现在依然身居要职，虽然年过半百，但是依然不忘初心，梦牵排球……

旦叔家距银丝中学不远，平时常到校园散步。每逢学校举办排球赛事，他都会在排球队员训练期间到现场指导。手把手，心比心，不畏酷暑，不惧严冬，不避霜晨，不辞寒夜，来得比球员还早，回得比老师还迟。球员出现思想情绪时，他还耐心细致地为其做思想教育工作！"不就是一个街坊嘛，既无职责，又无报酬，急什么急呢！忙什么忙呢！"他面对各种调侃均笑而不答。这就是深得每位师生崇敬的旦叔，这就是酷爱排球、热心助教的旦叔，这就是那务新街人人称赞的好心旦叔。

功夫不负有心人。在旦叔的悉心指导下，球员和教练都快速成长，在2017年银丝中男排获化北赛区冠军，参加化州市总决赛力战群雄，获季军而归。一时间，大街小巷传颂着旦叔教球的故事。排球运动员，乃至学校的学生都把旦叔称为最可爱的教练员，最可爱的"编外教师"。

燕夏炼"丹"

吴燕夏，普普通通的一位物理老师，却做着不平凡的事。时日，课余时间经常看到学生进出教师宿舍楼，不明原因，于是有一天，尾随一个学生身后，发现原来他们都是去吴燕夏家的，就算问问题也不至于那么多学生一起去吧，而且他们手中拿的好像也不是书本啊，一杯杯、一盘盘、一碗碗的，究竟是什么呢？走近一看才发现，是燕夏老师给孩子们做的"仙丹"——双皮奶、炸鸡翅、炸肉排……原来燕夏老师为了调动和激发学生学习物理的积极性，营造良好的学习氛围，在班上开展了物理小组平均分比赛，阶段性总结，进步了的小组就能获得奖品。而这些双皮奶、炸鸡翅、炸肉排等就是燕夏老师为他们亲手做的奖品，燕夏老师不单单给他们送上吃的"仙丹"，还有奖励给学生用来做笔记的五彩笔、装试卷的试卷袋等这些"小仙丹"呢！难怪班上的物理成绩进步那么快，原来是老师在背后默默地为他们炼制"仙丹"！后来，校园里就传起了燕夏炼"丹"的佳话！

黄飞兼程

下肢高位骨折，行动多大的不便啊！但是想到学生渴求知识的目光，最终还是克服重重困难，重返课堂。

但愿桃李秀，哪管腰背弯？

黄飞老师，每天早上在家吃过早餐，就挂着拐杖，借着老妈子肩膀的力量平衡身体，一拐一拐地，一级一级地，艰难地从三楼走到一楼，然后又借着拐杖的支撑艰难地挪上老妈子刻意微微倾斜的摩托车。到了学校，老妈子再把摩托车调转方向，慢慢地开到教学楼前距台阶不远不近最合适的位置，小心翼翼地停下来，再把摩托车微微倾斜，用尽浑身力气将摩托车扶稳，让黄飞老师一手挂着拐杖，一手撑着肩膀，找到平衡力后，慢慢地将身体挪离摩托车，然后再艰难地挪上三楼级室，再艰难地挪到教室，挪上讲台，再艰难地坐到椅子上，然后才能开始他天天如此、习以为常的"讲学"……

事非经过不知难，上一节课的艰难也只有黄飞老师自己最清楚，一节又一节，一天又一天，上了摩托，又下摩托，上了楼，又下楼……

春蚕到死丝方尽，蜡炬成灰泪始干。

学生们非常感动，每天都预先在楼梯口等着黄飞老师的到来，然后扶老师上楼，老师们感动了，钟华权老师每天都等黄飞老师下课，然后送他回家，日复一日，月复一月，不辞劳苦，不舍昼夜。

黄飞老师的意志也更加坚定了，虽然自己行动不便，出点洋相，但是有学生的爱戴，有同事的理解与支持，有学校领导的肯定与鼓励，自己再苦再累也要坚持下去！

正如鲁迅先生所说：

"优胜者固然可敬，但那虽然落后而仍非跑至终点不止的竞技者，和见了这样竞技者而肃然不笑的看客，乃正是中国将来的脊梁！"

心灵的守望者

年年岁岁花相似，岁岁年年人不同。

现在农村孩子的父母，多数为了生活而长期在外奔波，因而留守儿童也就成了现代社会一个特殊的群体。节假日无人监管，安全问题毫无保障，生活中父母缺席，心灵上没有港湾。而我们222班、223班的留守儿童就与众不同，父母虽然因工作繁忙而顾不上孩子，却也十分放心，因为有周东玲、刘积明这些慈母般的班主任，他们的假日生活竟是如此的甜美！

银丝夜话

灯火阑珊处，何忧无友？

志士惜日短，夙兴夜寐。

乡村的夜晚，到了十点半时已万籁俱寂，银丝中学有一批爱岗敬业的老师，顾不上在家里哄抱自己的孩子，仍在教室里对那些求知若渴的学生进行耐心细致的辅导。其心可鉴，其行可敬，其志可继！

身先士卒

喊破嗓子，不如做出样子。

陈燕林校长在教学生割草；

莫文卫副校长在悉心呵护花苗；

下班了，王再胜副校长还在伏案办公；

刘积源主任耐心给学生答疑解惑；

快开学了，陈燕焕主任正在加班加点修理课桌凳；

郭晓聪书记带领志愿者支持学校的各项工作；

陈晓然老师在清除校园的杂草。

银丝星辰

莫道君行早，踏遍青山人未老，风景这边独好。

朱叶梅老师接手217班后，为引导学生争分夺秒地学习，每天天色未明，就组织学生到操场呼吸着清新的空气并开始读书。琅琅的读书声响彻整个校园，星期一到星期五，天天如此，初时抱着试试看的心理，后来越读越起劲，不但读到了知识，而且读进了状态，读出了信心，读出了士气，读出了梦想，读出了银丝精神！

在217班的带动下，222班、223班的同学也不服输，初二228、229两班也不甘落后，就连初一的234、235两班也来了，一不留意，竟带动了半个银丝。

默妈妈的银丝情

莫扬，217班黄挚玺同学的妈妈，她有个众所周知的称号"默妈妈"。

默妈妈是个特别的家长，她不像一般家长那样只关心自己孩子的成长，她更多的是关心孩子所在班级的成长，所在学校的成长，甚至孩子毕业离校了，她还在关心孩子原来就读的银丝中学的成长。

2017年5月10日，第一次给217班全体同学做面包点心。

2017年8月31日，在开学前两天亲手给全班同学烘焙饼干、面包等。

2018年1月，可爱的默妈妈被评为银丝中学杰出家长、银丝中学家长委员会杰出委员、银丝中学家长学校优秀学员、化州市优秀家长。

2018年3月15日，亲手做了许多精美的点心、糖果让班主任给学生打气鼓劲，并预先录制好视频让全班同学分享。

2018年10月25日，为了银丝中学的孩子们而学习烘焙技术，并在年度烘焙赛事总决赛中获得冠军，成为高级别的业余烘焙者。

2018年11月11日，她带着点心，从深圳赶回参加217班的主题班会，第一次和师生见面，会后每位同学都给默妈妈写了一封信。

2018年12月27日，给全班53位同学逐个回信，还给每位同学送上名牌大学的明信片。

2019年6月23日，出席217班的毕业晚会，并负责晚会所有的甜品、点心、水果等。还负责全场晚会的专业摄影，为了这场晚会，一年前她还专门去报名学习摄影技术。

2020年1月5日，她的孩子已于2019年6月毕业离校了，她依旧准时参加初一新生235班的新年晚会，并带来了蔓越莓味夹心饼干、雪花酥、花生芝麻牛轧糖等很多纯手工制作的礼物。

花开一季，人活一世。

她乐善好施，古道热肠。她所想的不是如何获得更多，而是如何为别人、为社会奉献更多，如何让别人因为自己的存在而感到幸福。

她对银丝中学情有独钟是因为在她孩子入学时收到了班主任朱叶梅老师的特别礼物——《让孩子成才的秘密》这本书。

踏雪寻梅

"无意苦争春，一任群芳妒。零落成泥碾作尘，只有香如故。"

最近，朱叶梅老师的名字在银丝炸开了锅，得到市局广泛认可，在省厅美名远播！

来得太突然了，接踵而至的一个个荣誉、奖项让人们还未回过神来便又是一个！

化州市论文一等奖、课例一等奖、班主任能力大赛一等奖，化州市好老师、优秀教师、优秀班主任、优秀宣传工作者、家长学校优秀学员、骨干班主任一级人才库！

茂名市优秀教师、优秀班主任、青年名师、名班主任工作室学员、名校长工作室成员！

广东省骨干教师、南粤优秀教师！

"宝剑锋从磨砺出，梅花香自苦寒来。"

原来，朱叶梅老师的一身荣誉也不是凭空得来的。

她用爱心唤醒爱心，用智慧引爆智慧，用成长收获成长。编写了《让学校因我而美丽》《让班级因我而精彩》《让别人因我而幸福》《我是大自然最伟大的奇迹》等一系列的能量朗读，并相应设计开展了一系列的班级主题活动，学生们在这些活动中放飞了梦想，学会了自强，幸福了别人，成长了自己。

她寓教于乐，以趣育人。通过设计开展"优点储蓄银行"、"操行直方图"、"成长方程式"、"小奖状比赛"、"让我夸夸你"和轮值编辑《班级日报》等系列活动，让学生乐在其中，学在其中，长在其中。

她潜心笃志，深耕不辍。坚持订阅《英语周报》《教学研究》等多种刊物，研读《教学工作漫谈》《"慧"爱学生》《正面管教》《新学校十讲》等多部名著，聆听魏书生等多位大伽教导，跟岗钟燕清、林捷东等多位名师。心诚志坚。

"千淘万漉虽辛苦，吹尽狂沙始到金。"

2019年5月，她当班主任的217班5名学生参加竞赛，4人被化一中提前录取！上奖率80%，雄居化州市之冠！创造了银丝中学办学史上最佳成绩！获得了"银丝中学，异军突起，五考上四。苦心人，天不负，卧薪尝胆，三千越甲可吞吴"的赞誉。真是功不唐捐，实至名归。

叶梅许金

初三五科联赛的通知来了，竞赛中前三百名学生可被化一中提前录取。银丝中学多年没获过如此殊荣了。特别是这届学生在初二时根本就没有进入全市前三百名的，能进入前一千名的也只有一人。看来，今年也是重在参与了。

明知不可为而为之也是英雄中的一种。身为班主任的朱叶梅老师为了鼓舞学生士气，当众许下诺言，谁能在竞赛中被化一中提前录取，奖励2000元。诺言一出，果然学生热情高涨，干劲十足。这让老师们也感动了，个个撸起袖子加油干。直至考试前一天，同学们还紧紧地缠着老师讨要考试技术和方法。

"春风杨柳万千条，六亿神州尽舜尧。"结果一出，一片哗然！银丝中学4

人！银丝中学 4 人！银丝中学沸腾了，那务人民沸腾了，化州教育界沸腾了。而班主任朱叶梅老师的表情却突然凝固了！原来，她猛然想到一个月前曾许下的诺言，每人奖励 2000 元啊！哪来这么多钱呢？对于"月光族"的自己可是个天文数字啊！反悔！反悔！不能！不能！绝不能！各种念头在心里激烈对抗着，最后心一铁，从兄弟姐妹处借得 8000 元兑现了诺言。

银丝其人

银丝精神，为学之志，为师之魂。春蚕情愫，红烛尽心，银丝师生，不乏其人。他们中有的自掏腰包，为学生、为家长购买奖品；有的拾金不昧，物归原主；还有的长期坚持利用课余时间为校园保洁，一干就是三年！他们用实际行动诠释了银丝精神。

叶梅含苞

朱叶梅老师习惯在每届新生入学的时候给每位同学发个精美的礼包，里面装着《银丝三字经》《让别人因我而幸福》等内容；也习惯在开学或放假的时候把《让孩子成才的秘密》《正面管教》等珍贵礼物精心包装后送给家长。这些精美礼包成了朱叶梅老师与学生之间的能量管道，与家长沟通的桥梁。

东玲"提糕"

周东玲老师在月考结束后，得知同学们的成绩普遍有了较大的提高，便从蛋糕店提回一个大蛋糕，在班上切好让每位同学都来分享大"提糕"。

积明贮书

刘积明老师为解决学生因资料书过多而无处贮存的问题，在教室后面安装了一个大书柜，让每位同学都有一个专用的地方贮书，从此教室整洁美观，师生心情舒畅。

周东发球

陈周东老师为了激励同学们刻苦锻炼，弥补个子矮小的不足，给每桌同学发一个实心球。

龙英赏雪

许龙英主任给每位学生奖一支五羊牌雪糕，同享学习进步的喜悦。

福飞送包

程福飞老师为晚上加时训练的同学送来面包，让同学们补充能量、调整状态后，继续奋斗。

明珍赠本

莫明珍老师向月考进步的同学赠送精美笔记本。

军生悬金

陈军生老师在中段考前便悬赏重金，凡90分以上者每人奖励20元，结果士气大震，成绩猛增。

小亮小试

黄小亮老师在班主任工作中小试牛刀，初战告捷，在开学首期就获得了文明班的称号。

培昌德昌

214班吴培昌同学长期坚持利用课余时间为班级的公共地区、餐厅饭桌做保洁，一干就是三年，于2019年5月被评为化州市美德好少年。

志婷还金

2019年秋季开学第一天，219班吴志婷同学捡到人民币一千三百多元并交还失主。

晓敏赠翅

217班陈晓敏同学在五科联赛中被化一中提前录取了，她为了激励其他同学考上化一中，给每位同学赠送两个鸡翅，意在振翅高飞。

杰荣义工

235班陈东键同学的父亲陈杰荣家长义务为班级加工书柜、装修教室。

……

第三章

心灵浸润

师生之间是心与心的沟通，德育是一种心灵的浸润。用老师的心去温暖学生的心，用老师的爱去换取学生的爱。关注学生的心理健康，培养自信、自尊以及自爱的学生，为他们的美好生命奠基。

第一节　班主任之爱心

高尔基曾经说过："谁爱孩子，孩子就爱谁。"只有爱孩子的人，才可以教育好孩子。班主任对学生的爱，是师生心灵之间的一座桥梁，是开启学生心智的钥匙，是用以点燃学生心灵火焰的火把。有了它，班主任才能赢得学生的信赖，使学生乐于接受，从而收到良好的教育效果。

一、班主任多维真心爱学生

（一）用宽容之心，尊重学生

宽容是一种爱，是一种伟大的教育力量，它能够化解许多矛盾；宽容是一种信任和激励，它能激励学生自省、自强。班主任信任学生、尊重学生，才能唤起学生的自尊心、自强心，激励他们发奋学习，战胜困难，产生强大的内在动力，使学生在被尊重的同时学会尊重别人，从而拉近师生间的距离。我班学生的座位原先也是由我安排，按身高调好，每周按组轮换。可是从去年开始，我改变了以往的方式，因为有学生提议，说他们想自由组合。开始我有些担心，万一爱说话的学生坐在一起，那岂不更爱说？在我犹豫不定时，学生们一起表态，如果这样影响了学习，那就任由老师安排。

通过一段时间的观察，学生们确实没让我失望。尤其让我欣慰的是，原来一个不爱写作业的孩子，经过自由组合后，竟然每次都能按时完成作业。后来我问他为何有这么大的变化，他不好意思地说："我不能因为自己让我们组落后。"看来，宽容学生、尊重学生能使学生内心受到感化，会收到神奇的效果。正如苏霍姆林斯基说的"宽容引起的震动比惩罚更强烈"。

（二）用常人之心，理解学生

班主任与学生毕竟是两个人，思想观点、看问题角度、解决问题的方式都不同，许多矛盾便会随之产生。如果多一点理解，时常进行心理换位，经常想想自己处于他们那个年龄时，面对班主任的教诲是怎样一种心态，恐怕就能理解学生了。在日常工作中，每当看到哪个孩子闷闷不乐时，我都会耐心地询问，及时想办法帮其解决，因此他们有什么心里话都愿意跟我说。记得从上学期开始，就听到同年级的某些孩子课下密谈谁喜欢谁的问题，我当时没当回事，因为在班里我既没听见也没发现这种情况。

可是前段时间的一个课间，当我宣布完两名卫生监督员的名字准备离去时，听见一个学生大声说了句粗话。我转身一看，发现是其中一个男监督员，当时我很生气，心想刚"当官"怎么就这样。我把他叫到教室外，问明了情况。原来是班里有人说另一个女监督员喜欢他。看他跟我说话时那气鼓鼓的样子，我又好气又好笑，于是耐心地对他说："人家说她喜欢你，你生什么气啊？你应该高兴才对，这说明你身上有很多优点。我也喜欢你，你生气吗？（不生气）那你喜欢我吗？（喜欢）那还生什么气？"听完我的劝解，他马上转怒为喜。在之后的日子里，他们俩齐心协力，共同管理班级的卫生，每当我班卫生被学校表扬时，大家也都不会忘了他们的幕后工作。我想：当我们用一颗真诚的心去理解学生、打动学生时，学生必然会对班主任心存感激，进而尊敬班主任，这样师生间的情感才会更贴近。

二、引导家庭教育给予学生关爱

众所周知，教育不是独立的，而是由家庭教育、学校教育和社会教育所共同组成的。任何一方在教育当中都充当着不可或缺的角色。

越来越多的教师抱怨说，现在的学生越来越难管了，工作压力也越来越大了。究其原因就是来自学生、家长和社会三方的压力。实际上学生问题不仅仅是学校的事，更多的源自家庭教育的缺失。

（一）家庭教育缺失的现象

1. 家长"望子成龙，望女成凤"心切，教育方法不正确

把成绩作为衡量孩子进步的唯一标准，导致孩子在认知上存在偏差，认为成绩就是一切，只要成绩好了，就能得到所索求的东西。有时简单粗暴的处理方式会沉重地打击孩子的自尊心、自信心和同情心，甚至会把亲情距离拉大，增加心理隔阂。

2. 家长把对孩子的管教全寄望于班主任

有的家长认为把孩子送到学校就完成任务了。在我作为班主任与家长沟通时，我发现部分家长对孩子在学校里的表现并不关心，他们在乎的只是孩子吃得好不好，睡得好不好。在许多家长的眼中，老师特别是班主任，应该是教育方面的专家。在与家长的交往中，我深刻地感受到，家长们希望从老师处听到对自己孩子的表扬和鼓励，自己对孩子已经无能为力，最好能把孩子交给学

校，交给班主任管理。

3. 家庭变故，家长对于孩子抚养责任的推卸

都说孩子是父母爱情的结晶，幸福的家庭似乎有着一样的幸福，而不幸的家庭各有各的不幸。但我发现不幸的家庭最大的受害者往往是年幼无知的孩子。这一类孩子在家庭中得不到他所应得的温暖，却早早地感受到父母之间的冷漠和埋怨，他们所经历的孤独与排斥、苦涩与不平、艰难与坎坷，是一般常人所难以理解的。这一类学生往往会从同龄的同学朋友中寻求他们所需要的温暖和关爱，很多时候，他们会把那种关心看作一种爱情，这时候所引发的早恋问题，亟须教师进行及时的疏通和引导。但是单亲家庭、重组家庭、危机家庭的经济来源堪忧、"战争"气氛浓烈等造成了家庭教育的缺失，班主任的有限关怀着实无法弥补这一巨大的创伤。

4. 所谓"近朱者赤，近墨者黑"

改革开放以来，同广东其他地区一样，茂名地区的经济得到了长足的发展，城市和农村的生活水平有了大大的提升，但家长的素质普遍不高，有的甚至没有正当的职业，唯一的职业就是打麻将。这直接导致孩子们的目光短浅，认为念不念书都可以，而且书念得好不好都没关系，不劳动也不要紧，钱自然会来的。这些家长亦不重视孩子的学习，对于孩子的错误听之任之，自由放任。家长不但不支持班主任的工作，反而把家庭教育的责任转嫁给了班主任。

（二）班主任在家庭教育中的指导地位

家庭教育缺失给班主任带来了巨大的压力。学校教育本是最系统的，但现在的学校却成了社会推卸教育责任的一个场所。学生的种种事端也往往被理解成班主任工作的缺陷或失误。班主任对每位学生的思想、行为、学习和生活几乎是负"无限责任"。家长对孩子的偏袒，只重视满足孩子物质生活上的需求，而忽视做人的思想品德和良好习惯的养成教育。对孩子道德品质上的缺点不但

不重视、不教育，反而认为无关紧要而加以袒护，怕孩子受委屈。久而久之，孩子就养成了骄横、任性、贪图物质享乐、以自我为中心的独占型思维习惯和生活习性。

事实上，面对任何的情况，教师都应该冷静沉着地面对，对于问题学生，我们更应给予最大程度的关心与呵护。孩子在成长的过程中犯错是在所难免的，关键是教师的引导。当然，家庭教育在这一方面起着不可或缺的作用，我认为请求家庭教育配合学校教育的前提是与家长充分地沟通。首先要让家长有正视孩子成长中遇到的问题的心理，其次要引导家长担负起家庭教育的责任，学会处理与孩子的沟通问题，通过生活细节去感动孩子，多途径与其沟通，才能最终降低家庭教育缺失对学校教育的负面影响。

家庭教育、学校教育与社会教育缺一不可，缺少任何一方都不能成为真正意义上的教育。虽然家庭教育的缺失给我们班主任工作带来很多消极的影响，但我相信，只要正视这个问题，通过努力，在合力上下功夫，再难的问题也会得到解决。

三、做好班主任爱心工程

爱能产生美、产生动力、提高工作效率，因此，爱心教育成为当代社会人们的一种追求。对于班主任来说，要取得教育的成功，首先要在班级内建立起一种和谐的班级管理模式，让你的班集体充满爱。恰恰班主任就充当了"爱的使者"这个身份，班主任也只有以这个身份去管理班级，班级才能开创更加团结、奋进的局面。一位哲人说过，教师是太阳下最光辉的职业，而我认为，班主任工作则是阳光底下最具爱心的工作。要做好班主任工作，就必须把无限的爱无私地洒播在学生的心田。让全部学生、所有教室、整个学校都洒满爱的阳光。一个优秀的班主任，就要做一个爱的使者。

（一）用人文思想管理班级，对学生充满爱心

早在 14 世纪到 16 世纪欧洲文艺复兴运动时期，就有人提出了人文主义的口号，那是针对宗教的禁欲主义日趋严重而提出的。我们今天提出的人文思想，用于教育上，表现为尊重学生人格，关注学生思想，主张师生平等，用爱心去关怀学生。在管理班级的过程中，我始终遵循用人文思想去关爱学生，教育学生，从不把学生分等级，并且用发展的眼光去看待每一位学生，当学生有错误时，总是晓之以理，动之以情，我坚持用爱心唤醒爱心，用智慧引爆智慧，用成长收获成长。

刚接某一个班时，为了能够与学生心灵上沟通，得到学生的信任，把学生紧紧团结在老师的周围，我召开了"发扬团队精神，增强班级凝聚力"的主题班会，在班会上，让每一位同学把事先准备好的一根丝带系在我的红色丝带上——打个"同心结"，这象征着同学们心往一处想，劲往一处使，全班同心同德、精诚团结的精神。当同学们的丝带全都系在以班主任为核心的红色丝带上时，我的心被感染了，我成了这个班的一员，看着这群眼里充满信任的目光的学生，我激动地说："这七彩丝带代表着我们每一位同学纯洁的心，虽然每一位同学选的丝带颜色不同，但我感受到大家的心都是一样的，它是那样的纯洁，那样的真挚，我相信在大家的共同努力下，我们的班级一定能成为全年级最好的班级。"接下来由班长带领全班宣誓，发出共同的心声"班兴我荣，班乱我耻"，最后大家合唱班歌《夜空中最亮的星》。这个主题班会如同一座桥梁，把我和学生的距离拉近了。

我用人文思想管理学生的一个重要标志就是让学生自己管理自己。我认为，一个班级如果总是靠老师监督，或采取强硬的手段去管理，即使工作中有了一点成绩，也是暂时的，因为一个好的班级管理，不应只靠班主任的高压手段，而是靠全体同学的自觉遵守，自觉养成好的道德规范、好的行为准则。一

个人只有首先战胜自己，才能更好地去战胜别人，然而战胜自己则是最困难的。为了培养学生自己管理自己的能力，我同全班同学共同制定了班级量化考核标准，全班一致通过，班委各负其责，将班级每天的工作情况进行记录，从学习、纪律、劳动、做好事等几个方面一周总结一次，在教室的评比栏上公布每周的评比情况，以此来鼓励大家。评比的项目很细，并且做到公开、公平、公正。根据记录的情况，期末设置不同类型的奖励，分别有学习奖、劳动奖、为班级服务奖、做好人好事奖，在期末的家长会上向家长汇报。把评比差的同学列为下学期主要帮教的对象。

由于实施了量化考核的措施，增强了同学们自己管理自己的能力，班级基本上做到两个一样，即老师在与老师不在一样，自习课与上课一样。在学习上，班级形成了勤于发问、敢于质疑的好学风，学习氛围十分浓厚。下课后，同学们互相提问、互相帮教，遇到难点追着老师请教，学习劲头很足，受到了年级各科任老师的好评。不仅如此，同学们还争先恐后地做好事，为集体服务，班级的好事层出不穷，如：李同学早晨在校园里打扫卫生时捡到了253元人民币，马上交给了老师，受到了学校的嘉奖；李同学上体育课时在操场上捡到了一部手机，辗转打听，交还到失主手上；课桌坏了，有人主动拿来工具修理；门坏了，玻璃碎了，有人去管；课程表破了，有人用自己家的电脑打印好重新贴上。在班上，好人好事有人夸，犯了错误有人抓。

事实证明，用人文思想管理班级的方法是可行的，如此看来，用恰当的方法教育学生是值得我们每一位班主任深思并不断探索的一个重要课题。在此，我想用同学们对我的评价来说明这个问题："朱老师从不大声呵斥我们，如果我们犯了错误，她总是耐心地给我们讲道理，我们都很敬重她、信赖她。"在与学生共处的时间里，我深深地体会到"爱心"的神奇力量，它可以沟通人们的心灵，可以燃起同学们积极进取的激情火花。

（二）重视德育工作，树立良好的班风

从带班工作中，我得出这样一条经验：要想班风好，德育要抓牢。德育工作是做好一切工作的先导，是教育工作的重中之重，抓住了德育，就等于抓住了根本。工作中，我抓德育工作从学生行为习惯的养成教育入手，培养他们高尚的道德品质和良好的行为习惯，利用每天的晨会时间和每周一次的班会，对学生进行德育，无论工作多忙都从不间断。每周一会，各班委责任到人，对自己责任范围内的工作进行总结并向全班汇报，肯定成绩，指出不足，教师根据情况提出今后努力的方向。

了解到个别同学在学习中怕吃苦，没有独立思考的习惯，为此，我利用班会组织大家讨论"为谁而学"的问题，同时还组织"名人学习故事会"让学生们自己讲名人学习的故事，大家被周恩来、陶行知、张海迪等榜样的力量所鼓舞，决心树立远大理想，为中华崛起而读书，在班上开展"比、学、赶、帮、超先进"的活动，以"不耻下问"为荣，组成"一帮一"的对子，这一活动的开展，调动了那些平时不爱动脑筋的学生的积极性，使班上的学习氛围更加浓厚。

在对学生进行正面教育的同时，我还把教育融入一些活动当中，让学生在感受集体活动快乐的同时，得到教育，陶冶情操。2019年元旦，我召集全体学生、家长及科任老师举行一次联欢会，学生们在联欢会上表演了自己的节目，展示了个人的才华，他们的表演得到各位家长的认可。联欢会的高潮是老师、家长和学生一起点蜡烛，共同迎接新一年的到来，家长们在会上各自陈述了对自己孩子的期望，学生们纷纷表示要在新的一年里以优异的成绩向家长汇报，整个联欢会洋溢在一片热烈的气氛中。这样的活动虽然内容简单，但它使学生和老师的心贴得更近了，学生们感受到集体的熏陶，增强了班级的凝聚力。

班主任是学生的表率，一言一行对学生都有着潜移默化的作用，要求学生做到的，自己首先做到，少说多干，身体力行。每天的卫生打扫，班级的劳动我都亲自参加，因为我深知榜样的力量是无穷的，弯腰捡起地上的纸、擦擦桌子，看起来似乎是一个很平常的举动，但它却会带给学生深远的影响。

（三）注重家校联系，做好学生思想工作

家校之间的联系是老师和学生之间沟通的一座桥梁。定期召开家长会只能解决普遍性的问题，为了做好个别学生的思想工作，我经常和家长保持联系，随时掌握孩子的思想动态。我班学生小黄生活在一个单亲家庭，性情古怪、倔强，行为习惯很差，上课很少听讲，从来不做作业，学习成绩差，但他很聪明，喜欢听表扬的话，于是我就抓住他这个心理特点，多次找他谈话，与他一起分析问题存在的根源，不仅肯定他的优点还指出他的缺点，鼓励他凭着聪明的大脑，再加上刻苦的精神，一定能取得好成绩，并一针见血地指出他所缺的正是这种刻苦精神。同时，要求家长积极配合学校做好学生的思想工作，通过多次的谈话和交心，小黄较以前有了明显的变化，并能主动为班级做好事，热心为同学服务。在班级总结会上，我表扬了他，并给他发了为班级服务奖，这对他的鼓舞很大。在做学生的思想工作中，我体会到班主任的巨大力量，每当学生迷失方向时，班主任就要为他们点起心中的明灯；每当他们的思想出现偏差时，班主任就要及时、耐心地把他引到正道上来。

还有一位学生，他在学习上喜欢动脑筋，成绩也很好，但自从他家里有了电脑后，就开始迷上电脑，每天晚上一回到家，第一个任务就是玩电脑，常常一玩就玩到晚上 12 点，有时甚至通宵，第二天拖着疲惫的身子来到教室，倒头便呼呼大睡，一两个星期下来，学习成绩明显下降。当我了解到这一情况后，多次找他谈话，他也多次保证不再玩电脑了，但一回到家，他就控制不了自己，鉴于这种情况，我多次与家长联系，要求家长晚上一定要管理好孩子，

并督促他学习。通过多次耐心细致的谈话和家长的配合，终于使他的玩心有所收敛，学习成绩也有了进步。以此为例，我在全班强调了沉迷电脑游戏的危害，向全班同学敲响了警钟，并且专门为此事召开了一次家长会，让家长也重视起来，共同管理好学生。

多年的班主任工作使我明白这样一个道理：班主任应成为爱的使者。班主任的独特魅力正是因为他具有这种博大、深沉、无私的爱，就是这种爱，才能激励学生积极向上，陶冶情操，构筑美好的人格品质。

班主任工作确实很辛苦，然而却又很幸福，它赋予了我神圣的使命，使我的生命有了光彩，使我的生活更充实，更有意义。"悉心浇就枝叶美，何愁桃李不流丹？"这是我的座右铭。我愿意以此座右铭一直鞭策自己，用心浇灌枝叶，然后静待花开！

四、让爱洒满教育之路

"悉心浇就枝叶美，何愁桃李不流丹？"教育是用爱的灵魂去影响另一个灵魂的过程，教育是一门艺术，只有走进学生心灵的教育才是真教育。用爱心唤醒爱心，用智慧引爆智慧！教师是当今社会最为崇高和神圣的职业，但教书育人的特殊内涵决定了从教者必须是大爱之人，爱与奉献就成为教师职业生涯的突出主题。然而作为班主任，怎样才能做到智慧地奉献热情、真诚与汗水呢？有句话说，"闲读圣贤之书，坐集千古之智"。因此，圣贤之书，它可以不断激励、鞭策我，教我如何对待学生，如何自我成长，如何做一个称职又优秀的教育工作者。

（一）以情育人，在学生心中播下爱的种子

我的脑海里一直在思忖着一句话："成功的教育工作者知道，改变感觉的

最好办法就是用其他感觉取而代之。"这使我想起了之前看过的魏书生先生的《班主任工作漫谈》，他在书中讲到，当学生犯错的时候，他就让学生写自己在整件事情过程中的心理剖析书去代替惩罚。这不正是让学生在静下心来写心理剖析书的过程中，用平静的感觉来取代犯错误时的冲动感觉吗？而恰恰老师也可在这个过程中，让自己因为学生违纪而愤怒的情绪得以冷静，人一冷静，智慧就会到来。

其实在我们的教学中也有这样的事例，当时班里有一个"特例"，以前的班主任和科任老师都拿她没办法，用我们班其他学生的话来讲，"她是一个贪玩、叛逆、无心向学、无可救药的坏女孩"，当我初次听到其他学生这样评价一个女孩子时，我很好奇，想快点见见她。果然，在我的第一节课上，她就让我印象颇深，我在讲台上讲得口干舌燥、汗流浃背，而她却在台下"精心打扮，准备演出"（照镜子、梳头发、涂口红……还时不时干扰别人听课，让别的同学帮她评价她的妆容），她的声音越来越大，甚至完全盖过了我的声音，我不得不停下来听她"演讲"。当我停下来时，其他学生都看向了我，似乎等着看我如何处理这个"叛逆者"，而她好像完全没有意识到我的关注（也许当时已经意识到了，就是故意装作不理会），继续进行着她的"精彩演出"。当她结束她的演讲，转过头看向黑板时，留意到我的存在了。她双眼紧盯着我，而我则微笑着对她竖起了大拇指，她却露出了尴尬的笑容。其他学生很惊讶地看着我，我也看出了其他学生的疑惑，笑着说："朱老师从来没有见过对仪表这么有研究，而且口才也这么好的孩子，老师相信这样一个有才华的孩子在学习和生活中都会很棒的！来，让我们给她送去热烈的掌声吧！"其他学生陆陆续续地鼓起了掌。在这之后，我还专门设计了一个以外貌为主题的演讲比赛，让那个女孩子有了充分展示才华的舞台。事实上，那个女孩以她平时对外貌的深入研究和她的好口才，赢得了同学们很高的评价，甚至刮目相看，的确是不算过分的。

改变感觉的最好办法就是用其他感觉取而代之啊！我当时对那个女孩竖起了大拇指，就是让自己对那个女孩子的"欣赏感觉"取代了一开始先入为主的"厌恶感"；对那个女孩子的评价是让其他同学的"肯定感觉"取代一开始的"疑惑感觉"；最重要的是，我为那个女孩搭建展示平台，其实就是在让她的"自豪感"取代她的"破罐子破摔感"啊！

（二）以德育人，为孩子们当好潜移默化的榜样

在回忆的过程中，我又想起了另一个深入我心的词语"期望"。优秀的教师始终都知道该如何去管理自己的班级、管理自己的课堂，因为他们非常明白如何对待学生的行为——关注期望。作为教育工作者，我们要学会在能力和成绩之间找到一个平衡点，因为我们知道，考试是学生不得不经历的成长洗礼，但学生还有更重要的事，那就是生活，这也是教育的核心。学生有没有能力接受人生的挑战，学生有没有意愿造福他所生活的世界，这些都取决于他今天所接受的教育。我们应该用期待的眼光去看待每位学生，而不是把他们放在分数的秤杆下去衡量。

此时此刻，我不由得又想起了对我影响最深的魏书生老师，魏老师曾说过这样一段话："天天把学生看作天使，你就生活在天堂里；天天把学生看成魔鬼，你就生活在地狱里。"其实，这就是让我们关注期望啊！只有老师先端正了自己给学生的期望，才能让学生明白自己要成为什么样的人，才能在工作中更有智慧地给学生定期望啊！一位教师应该积极乐观，笑对人生，这样才容易使学生受到感染，容易使学生性格开朗、乐观。就像书中所说："教师打喷嚏的时候，全班都要感冒。优秀教师经常过滤掉不太重要的负面因素，用积极的态度去感染别人。"当我们先入为主地为学生设定了一个"调皮捣蛋、无药可救"的感觉时，无形中就引着那学生朝着"调皮捣蛋、无药可救"个体发展了。这让我想到，平时我们刚接手一个班时，总会问上一届的班主任，哪个哪

个是"头号人物"，哪个哪个需要"特别关注"，这不就是先给学生们定了一个负面的期许吗？其实我们自己就要正面关注，我们刚接手一个班时更应该问问每位学生的优点是什么，有特别才华的有哪些学生，我相信了解学生的优点长处，比关心哪个是问题学生，对后期的工作更有帮助，能更好地提出自己对他们的期望。

（三）以智育人，为孩子们开启知识之门

去年在开学的第一个班会上，我让全班学生写自己的 20 条优点长处，学生们听到老师让写优点长处这么新鲜的东西，兴奋得不得了，可一旦静下心来开始写时，有的平时被归类为差生行列的学生就开始犯难了，他们好像找不到自己的闪光点，其中有一个集"网虫、小混混、调皮仔"于一身，名叫飞哥的学生一条优点也写不出来，我便让全班的学生一起来帮忙找，我永远无法忘记，第一个同学说飞哥第一条优点的情景，"他在我生病躺在宿舍时，把他打来的那杯开水给我喝了"。虽然这是飞哥一个小小的、无意识的动作，可由他人当成优点说出来，无形中就给了飞哥一种力量和信心。其实写优点并不是骄傲的资本，而是为了让学生更加了解自己，也是让他们自己给自己提出期望！同时，我在了解学生的长处后，可以把一些事情尽可能放手，让学生去做，这就让我对学生的期望化为实际行动了！

习近平总书记说："爱是教育的灵魂，没有爱就没有教育。"是啊，教育是用爱的灵魂去影响另一个灵魂的过程，教育是一门艺术，只有走进学生心灵的教育才是真教育。托德·威特克尔校长在书中说道：让关心和投入蔚然成风。如果关心和投入在课堂上和学校里蔚然成风，成功的教育离我们还远吗？无论是改变感觉，还是给学生定期望，抑或是让学生写优点，这一系列的做法不仅仅是一种教育技巧，更是让关心和投入蔚然成风，是托德·威特克尔书中说的"让关爱在孩子们心中传递"。

教师通过"精心的爱"来保护学生的自尊心，保护学生的主体地位，让他们体验人生的价值，让他们成长的路充满智慧和温暖，这才是优秀教师的魅力和能量，这才是真正的教育，成功的教育。

第二节　心理健康教育

心理健康教育是学生健康成长全面发展的需要，学校、家庭和社会要提供良好的教育环境，学校更应对学生进行心理健康教育，培养学生自尊自爱、善于交往、乐于奉献、能正确对待挫折、勇敢面对现实、有一定的忍耐力、能勇于负责、独立思考、不盲目冲动的能力。

一、心理健康教育在德育中的地位和作用

心理健康教育与德育有着共同的教育目标，即塑造全面发展的人。两者的结合是完全必要的也是可能的，要采取有效的方法和途径，使心理健康教育和德育有机地结合起来，促进心理素质与思想道德素质、文化素质和专业素质的协调发展，从而大大提高德育的实效性和主动性。德育作为学校教育工作的一个重点，它是学校教育的灵魂。随着社会的发展，传统的学校德育在强大的、以体现社会进步和现代文明为主体的教育面前已显得苍白无力，而且学校德育工作本身也存在目标不具体、内容陈旧、工作层面浅的缺点，尤其是在德育方法上缺乏灵活性、有效性。德育工作面临着新的挑战。如何改进德育工作呢？《中共中央关于进一步加强和改进学校德育工作的若干意见》中指出，要通过多种方式对不同年龄层次的学生进行心理健康教育和指导，帮助学生提高心理

素质，健全人格，增强承受挫折、适应环境的能力。这表明德育工作与心理健康教育的关系极为密切，心理健康教育成了德育的新课题、新内容。

（一）心理健康教育赋予了德育以新的时代内涵

德育这一概念是个有着丰富思想内涵的动态概念，它会随着时代的要求而变化。随着改革开放的深入和新旧体制的转轨，德育环境发生了明显变化，使得新问题、新矛盾接踵而来，而过去学校德育对于教会学生认识自己，学会正确地生活这些方面却关注不够，对于如何成功地进行人际交往、如何处理同异性的关系、如何对待得与失的问题、如何调整情绪状态、如何革除不良习惯等重要人生课题均较少过问。从内容上看，这些涉及教会学生如何做人等方面的学习内容与德育密切相关。

因此，学校开展心理健康教育，可以丰富德育的内涵，使德育内容更加贴近学生生活实际，更有利于学生创造性个性的发展。新的《中学德育大纲》对德育的内涵也作了新的界定：德育即对学生进行政治、思想、道德和心理品质教育。这样，心理健康教育在新形势下赋予了德育以新的内涵，成为德育结构必不可少的重要组成部分。

（二）心理健康教育为德育提供了良好的心理背景

德育的效果不仅取决于德育工作者实施了怎样的教育内容，还取决于学生是否接受这些教育内容。也就是说，学生的态度是影响德育成效的关键因素，而态度又取决于其自身的心理状况。如一个有逆反心理或其他心理障碍的学生是不可能很好地接受政治、思想、道德教育的。我们有些教师常常抱怨德育难搞，究其原因，是没有走进学生的心里，没有打开学生的心锁。

因此，掌握了心理健康教育这把心灵之钥，有了心理健康教育作为基础，就能为德育创造和谐、稳定的心理环境，从而实现德育的最佳效果。目前，许多学校都设立了心理咨询室，开通了心理咨询热线，帮助学生打开心锁，并取得了良好的效果，为德育工作的顺利开展创造了条件。

（三）心理健康教育更新了德育观念和德育模式

心理健康教育是教育者调动情绪的力量，尊重、信任和理解学生，与学生架起心灵的桥梁进行情感交流，以情感化学生。面对遭遇成长中各种心理问题的学生，教育者要始终在接纳、理解的基础上关心他们，倾听他们的心声。在这种信任、平等的气氛中，学生才会获得自由的心灵空间，才会真正开始独立思考，承担责任，去尝试为追求新的目标而努力，才有可能真正学会学习、学会生存。这正是心理健康教育深受学生欢迎而且取得成功的奥妙所在。心理健康教育的这一特点，无疑冲击了旧的德育观念和德育模式。过去教师和家长总认为学生不懂事，应板起脸孔训育，否则难以成人，而且一有问题就上纲上线，就是品德问题、思想问题，从不从心理角度去理解、去分析、去解决。因而在平时的德育工作中常常不顾学生的心理感受，居高临下的说教多，平起平坐的交流少；批评多、表扬少；禁止多、疏导少。这种以管教为主的德育模式使学生心理压抑，不但不利于其个性的发展，而且德育效果很差。

因此，要改变这种状况，应从心理健康教育的角度去更新德育模式。如今我国在教育现代化的进程中，已构建了一些新的德育模式，如体验教育模式、角色教育模式、讨论式教育模式，这些模式就是利用心理健康教育来进行政治、道德教育，通过充满人情味的教育方式，启发学生自我认识、自我调适、自我努力、自我激励、自我实现，充分调动他们的积极性，发挥他们在德育中的主体作用，使德育活动在新的模式中运作，以取得较好的效果。

（四）心理健康教育有利于提高德育实效

作为德育工作的手段和方法，遵循心理规律将有助于德育的有效实施，可以提高德育实效。首先，学生的思想问题和心理问题常常交织在一起，相互影响。通过心理咨询，德育工作者不仅可以了解学生的一般身心特点和思想状况，而且可以从更深的层次上了解学生的情绪、情感乃至气质、性格等方面的具体情形，从而对症下药，加强德育的针对性，最终实现化解矛盾、消除障碍，促进学生实现全面发展、健康成长的目标。其次，学校片面追求升学率，使得德育被看成是软任务，是说起来重要，干起来次要，忙起来不要，出了问题又大喊大叫。

要改变德育这种状况，必须以心理健康教育为手段和方法，从学生的心理特点和实际出发，虚功实做，以满足学生需要为德育的出发点。在学生心理悦纳的情况下，加强对他们进行政治、思想、道德教育，使德育的整体效应放大，真正发挥德育在初中生教育中的主导作用和渗透作用。在这个过程中，要积极利用心理学的各种理论和心理辅导技术，改进学校德育。

1. 运用角色互换进行德育

在德育实践中，教师常常会发现，犯错误的学生之所以不能及时认识自己的错误并改正错误，其原因不在于他们缺乏是非观念，而在于他们碰到冲突与矛盾时只从自己本身考虑问题，只注重自己的情感体验，从不考虑他人的感受，所以才使矛盾激化。因此，针对这种情况，教师在德育工作中不应单纯地进行道理的灌输、事理的分析，而应注重运用角色扮演的方法，使学生通过体验角色心理来反映其内心的情感，形成自我反省和自我教育，在参与中进行角色学习，塑造自我。

2. 利用积极的标签效应进行德育

受教育者被标定为什么样的人，他就有可能成为什么样的人，心理学把这种现象称为皮格马利翁效应。在实施教育的过程中，教育者要善于发现学生的优点和长处，多称赞、多表扬，而不是把自己的注意力仅仅集中在教育对象的缺点和错误上，特别是对少数学困生，更应给予及时的表扬和鼓励，增加他们向上的信心和力量。一个经常逃课、捣蛋、与教师对抗的学生只因新来的班主任对他说了句你不是坏孩子，使他的心灵得到极大震撼，于是重新认识了自己，思想和行为都发生了很大的变化。这就是赞许的力量、期望的力量。根据马斯洛需要层次理论，学生需要称赞、表扬，是因为称赞能满足他的自尊心。学生有一种尊重需要，喜欢别人以肯定的态度对待自己。因此，使学生的需要得到满足，能让学生树立信心，增强生活的勇气。

3. 采取积极的心理暗示进行德育

根据社会心理学中的心理对抗理论，对学生直截了当的批评可能引起心理对抗或逆反。而心理暗示法不付诸任何压力，不要求他人非接受不可，用含蓄的语言或示意的举动使学生领会教育者的意图，既能保护学生的自尊心，又能促进他们思想上自我认识，自我谴责，从而达到教育的目的。

（五）心理健康教育有利于更新教育观念

在新的德育观念下，教师不再是权威者、塑造者，而是学习活动中的协助者、提供建议者。教师关心的不应仅仅是学生的成绩，还应关心学生心理品质的改善、完美个性的形成。教师是指导学生学会学习、生活和做人的人。教育质量的高低档标准应是人才素质。人才素质中，主体精神和主体能力是人全面发展的原动力。主体精神和主体能力的培养要通过心理健康教育去挖掘学生的潜能和发展其创造性个性才能实现。另外，在新的德育形势下，应树立新的学生观，即相信所有的学生都有上进心、自尊心、求知欲，都有独立自主的要求，都有自我负责的主动倾向，都能在良好的教育条件下充分发挥主体作用，并在发挥主体作用的过程中发展主体人格，增强主体能力。

面对现实教育中德育滑坡的现象和学生心理障碍日益严重的问题，我们不能再无动于衷。忽视心理健康教育是德育滑坡的一个重要因素。因此，为提高德育的实效，促进德育的科学化，改进德育的思路，就要加强心理健康教育，把心理健康教育引入德育。教师要学习和掌握心理学知识，运用心理健康教育原理，并借鉴和运用心理健康教育的一些方式和方法来为德育服务，以此增强德育的实效。学校要普遍设立心理咨询室，开展心理健康教育，提高德育质量。

二、关注农村寄宿生心理健康状况——基于英语学习角度

农村寄宿学校教学普遍存在过分关注知识技能传授，忽略学生情感态度以及价值观发展的问题，影响了三维教学目标的统一。这种灌输式教育已经不符合新课改要求，而且对于学生英语素养的全面发展毫无意义。农村寄宿学校教师应当充分认识到培养学生积极向上学习态度的重要意义，努力调动学生的学习积极性。在农村寄宿学校初中教师指导学生学习英语时，他们发现一些学生的学习态度不活跃，不愿意主动学习英语。一些学生觉得在英语课堂教学中，教师引导学生学习的方式太单调，因为学习过程过于枯燥，所以他们不想认真学习，这时让学生学习英语，他们就觉得学习太难了，认为很难学好英语，所以也不愿意努力学习。学生的消极态度会使他们不愿意自主学习英语知识，从而降低教师的英语教学效率。为了使学生能够自主学习英语，英语教师应该在英语教学中引入积极心理学的理论。

（一）农村寄宿生心理健康状况

1. 依赖心理

很多寄宿生是第一次离开父母独自到一个大集体生活，什么都觉得不习惯，适应新环境的能力较差。他们平时遇事都是依赖父母、老师、同学，做事优柔寡断，自信心较弱，在学习和生活上很难独立自主。

2. 缺乏家庭的温暖，缺乏主动与人交际的能力

他们常常独来独往，不关心集体，觉得没有可以信赖和交谈的同伴，甚至

对别人的批评或表扬也无动于衷。学习也不积极，对老师同学的关心抱着戒备的心理，内心孤独空虚却不知如何排解。

（二）积极心理教育在初中课堂教学中的应用策略

1. 创设教学情境，激活主动心理情绪

现代教育理念突出了学生在教学活动中的主体地位，一切教学手段都应为学生的"学"而服务。因此，我们应该紧密结合教学内容，适时创设生动、直观、真实的教学情境，通过身临其境，感受语言学习氛围，给学生以认知方面的启迪和暗示，激活学生的主动心理情绪，例如：我为使英语课堂"动"起来、英语教学"活"起来，在教学中，我先从网络上搜索并下载相关的教学视频资料，在课堂上播放视频营造一个真实的英语交际场景，使学生置身于音像、语言、文字所组成的三维空间中。有趣的情境增强了学习内容的新鲜感，调动了学生浓厚的兴趣，使学生不断处于积极的学习状态之中，整堂课气氛异常活跃，学生得以在轻松的语境中掌握了知识，活用了英语句子。

2. 引导学生合作探究，深化学生情感投入

新课标以现代教育理论为指导，提倡以自主学习、合作学习、探究学习为主要内容的新的学习方式。我们应该在课堂教学中着力激发学生的情感共鸣，潜心引导学生的小组合作讨论、交流，增强课堂互动，以积极的心理场促进学生对英语知识的向心力，推动学生学习方式的转变。可以建立一个英语沙龙的话题，引导学生小组讨论话题，让学生们热情地表达自己的观点，在团队内部沟通和团队沟通的基础上，团队寻求表达自己的观点，赢得团队荣誉。一些学生主动反驳其他学生的观点，形成辩论的场面。教师发挥组织者的作用，做好控制，注重全面、客观、准确地评价和总结。各队相辅相成，开阔心胸，不仅使合作探究的答案更加完美，而且加深了学生的情感投入。

3. 关注课外英语训练，拓展学生学习空间

学生英语学习积极心理场的构建不能局限于课堂，应该在广阔的领域拓展学习空间，把英语学习渗透到学生的日常生活和社会交往中。第一，组织学生课前三分钟英语交流，在每节英语课的前3分钟，让学生用英语讲述自己的见闻、听到的故事、学会的英语歌谣，用身边的物品来进行问与答，以富有情趣的英语"free talk"营造学生积极的心理场，启发学生在自己真实的生活中学习英语。第二，按"条件均衡，优势互补""组内异质，组间同质"的原则组建英语课外学习小组。每组选出一位组长负责组织、监督小组学习，通过学生之间的互相帮助、协作交流，促进英语学习热情的巩固和提高。第三，引导学生充分利用网络资源，从《走遍美国》《戴尔英语红宝书》等多媒体材料和"洪恩在线""新东方英语"中获取更多的原声英语音像资料，在休闲与娱乐中自主进行英语训练。

4. 用成功和激励性评价，愉悦学生情感体验

渴望成功和激励是初中生的共同心理特征，教师要全面了解学生学习状态、性格爱好等方面的具体情况，制订出符合实际的目标，让学生在达成目标的过程中找到自我、体验成功的愉悦。在教学过程中，教师要多创设竞争和成功的机会。如讲完一课后，可设计几组有一定梯度和坡度的综合训练题，引导学生积极思考，知难而上，给每个有个性差异的学生充分展现自己独特才华和兴趣的机会，让不同水平的学生都能"跳一跳，够得着"，感受到努力的价值，愉悦学生情感体验。教师更要为学生构建目标多元化的评价体系，用灵活的"尺"去度量学生的进步，用"只有差异，没有差生"的理念来评价学生。特别是注重对学习后进学生取得的点滴进步给予及时的肯定，例如在英语课堂上让"very good""wonderful""well done""good job"等激励性评价成为活跃英语课堂教学和构建学生积极心理场的"催化剂"，从而有效激发学生的自信心，形成良好的动力去更好地学习。

农村寄宿学校在初中教学中渗透积极心理教育，有助于促进学科教学满意度以及教学效果的稳步提高，极大增强了学生的学习积极性。农村寄宿学校教师必须深刻认识到积极心理教育的重要意义，并与农村寄宿生心理健康状况相结合，努力在初中课堂教学的各个环节渗透积极心理教育，让每一位寄宿生都有机会实现学科核心素养的发展。

三、农村留守儿童心理健康问题及对策

在农村学校，留守儿童的心理健康问题被广泛关注。教育要求孩子们身心健康成长，留守儿童的心理健康问题对他们未来的学习与成长都是极为不利的。为了解决农村留守儿童的心理健康问题，教师需要用爱去安抚学生，并尽量提供更专业的心理咨询辅导服务，在具体进行心理健康辅导的过程中，还需要注意尊重学生，毕竟大部分留守儿童的心理是敏感且脆弱的。为了达到更好的心理健康问题解决效果，家校互动也是必要的，因为留守儿童需要来自家庭和教师的共同关注和关心。农村留守儿童是中国社会发展过程中出现的一个特殊群体，即父母去往远方城市打工养家，孩子留在农村地区生活和接受教育。农村留守儿童由于隔代抚养，缺乏父母的关怀教育，比较容易出现心理健康问题，这对于他们的学习、成长和发展都是极为不利的。为了孩子们身心能够健康成长，有必要采用一些针对性策略来解决农村留守儿童群体的心理健康问题。

（一）有爱——解决农村留守儿童心理健康问题的关键前提

教育是奉献"爱"的事业，学生若能够感受到教师的爱，心里就会产生一种信任与温暖，这对于其心理健康发展是有促进作用的。对于农村留守儿童来说，他们产生心理健康问题的原因之一就是缺爱。由于父母长期不在身边，感

受不到父母直接的关怀与爱，部分留守儿童的内心深处会产生一种"被抛弃"的心理感受，这就会引发某些心理健康问题，导致孩子出现不自信、自卑等心理健康问题，最终会对其身心健康成长产生负面影响。

对农村留守儿童来说，他们年龄尚小，思维也不够成熟，无法用成年人思维来要求他们去理解父母的不容易，他们在生活中最直观的感受就是缺爱。当他们在生活中受到委屈时，无法找父母倾诉，也得不到父母的安慰与爱；当他们学习遇到难题时，他们没有父母的辅导，也会产生一种缺爱的体验。爱是一种极度珍贵的情感资源，它能够让儿童幼小的心灵产生一种自信，有一种情感依赖。若是缺爱，则很容易产生心理健康问题。农村留守儿童因为缺爱产生了心理健康问题，那么教师就要提供更多的关心与爱。教师教育工作本身就是育人，不仅要关注学生的学习，更要关注留守儿童的情感需求与精神需求，用爱来引导。由于教师在学生心中特殊的地位，教师若是能够多给学生一份爱，哪怕爱的形式就是一句关心的话语，或者一个简单的拥抱动作，都会让留守儿童感受到幸福与快乐，感受到被爱，那么其心理健康问题就更容易解决。

（二）专业——解决农村留守儿童心理健康问题的核心手段

若是条件具备的话，农村学校最好配备一些专业的心理教师，因为心理健康问题的解决，最核心的手段还是专业心理咨询与辅导服务。当留守儿童出现心理健康问题之后，有的教师虽然想提供帮助，但是由于缺乏专业的心理健康咨询与服务知识，往往不得其要领，导致效果并不好。

留守儿童心理健康问题是一个很复杂的问题，不是好心就一定能够解决问题的，因此，专业的心理教师配置是最佳的选择。然而由于经费、师资配备等现实因素限制，大部分农村学校并不具备配置安排专业心理教师的条件。为了让留守儿童能够享受到更专业的心理健康服务，可以采用其他方式来解决专业心理健康服务的供给问题。现代师范院校毕业的教师都学过心理学和教育心理学，结合平时工作中对学生心理的关注思考，实际上已经具备一定的心理学基础知识。因此可以采用学校培训和教师自学的方式，引导一部分教师提高他们的心理咨询服务和辅导能力，如此既不会增加学校负担，又能够为留守儿童心理健康问题解决提供更好的服务。通常情况下，留守儿童不太严重的心理健康问题，教师经过心理知识学习和培训之后，基本上可以给学生提供心理咨询辅导服务，从而解决心理健康问题。若是有些留守儿童的心理健康问题比较严重，虽然教师能够判断他们存在心理健康问题，但是自己却无法解决其心理健康问题，就可以考虑寻求更加专业的心理健康咨询服务帮助，从而更好地解决留守儿童的心理健康问题。

（三）家校互动——解决农村留守儿童心理健康问题的有效路径

留守儿童的心理健康问题解决，不仅仅是学校和教师的职责，同时也是家长和家庭的期望与要求。对农村留守儿童来说，由于生活中缺乏父母陪伴，缺乏亲子情感体验，导致他们在生活中遇到一些不太愉快的事情，从而成为引发心理健康问题的诱因。因此在解决农村留守儿童心理健康问题时，还需要采用家校互动方式来进行。

有的留守儿童之所以产生心理健康问题，是因为长期跟父母疏远，感受不到父母的关心与爱，加上其家长文化水平不高，也不知道该如何关心孩子和表达对孩子的爱。面对这种情况，教师在与学生沟通了解其心理健康需求的情况下，再与其家长进行交流，告诉家长如何关心孩子。比如，多给孩子打电话，定期视频通话，给孩子买一些衣服，聊一些孩子喜欢的话题，而不是一跟孩子通电话就只询问学习成绩，甚至成绩不好还要骂孩子一顿。家校互动是一种解决农村留守儿童心理健康问题非常有效的，也很必要的路径。对于儿童来说，学校和家庭是他们最重要的两个生活场所，而家长和老师是对他们影响最大的人，在家校互动方式下，他们的心理健康问题解决效果会更好。

（四）尊重——解决农村留守儿童心理健康问题的基本要求

大部分留守儿童的心思是细腻敏感且脆弱的，同时现代孩子接收信息的渠道比较丰富，都比较早熟，而且存在一定程度的叛逆心理与情感思维，这种叛逆特征随着年龄增长会更加明显，因此，在解决农村留守儿童心理健康问题的时候一定要强调尊重。尊重，是帮助孩子建立自尊自信等健康心理状态的基本要求。

当一个学生出现心理健康问题之后，就会在行为上表现出一些不太和谐的特征。比如说，有的学生会故意去挑事，与人发生争斗；有的学生会过度沉默，甚至会表现得与班级同学格格不入。面对这种情况，教师要进行个体关心，而不是在公开场合进行批评，如此反而更容易激起学生的叛逆心理，不利于他们心理健康问题的解决。为了解决留守儿童的心理健康问题，首先，教师要用平等姿态与留守儿童进行对话与沟通，千万不要尝试使用教师权威来粗暴压制批评，在对话交流过程中让他们感受到一种尊重，这会有利于他们吐露心声，从而解决心理健康问题。若总是用粗暴简单的方式来批评学生，他们则会更加叛逆，更加不愿意与教师沟通，心理健康问题会更严重。其次，教师要注重保护学生的隐私，留守儿童大都心理敏感脆弱，若是教师在引导他们解决心理健康问题时没做好隐私保护，这会对他们造成情感伤害，甚至可能会导致心理健康问题恶化。在尊重的前提下，学生心理健康状态会更好。

由此可见，农村学校留守儿童的心理健康问题很重要，不仅关系到学校管理，也关系到孩子们的身心健康成长与未来发展。通过爱的教育、专业心理咨询服务、家校互动以及尊重交流沟通等具体策略，可以在一定程度上解决农村留守儿童的心理健康问题，让他们身心更健康地成长。

第三节　自信自尊自爱

自信是一个人的精神支柱，是学业及事业成功的第一要诀。作为一种性格特征，自信是在青少年与现实反复交往、不断进行实践锻炼、强化认知和体验进程中形成的。此时期是身体快速成长、心理品质逐渐形成的阶段，是进行自信心树立的最佳时期。如果错过自信心培养的这一时期，可能会对日后的学习生涯产生不利影响。

一、培养学生的自信心

（一）树立自信心，创设科学的教育情境

创设合适的教育情境是进行自信心培养工作的重点。受个体差异性影响，不同学生天赋的表现形式不同。班主任在进行教育情境的创设时要做到对整个班级的全体组成人员进行关注。

在教学过程中，改变传统的学生向教师问好，教师不进行积极回应的接触方式。班主任在到达班级时，主动打招呼。在课间休息时，班主任主动与学生打成一片，摆脱传统教学过程中对于师生关系的束缚。在课外活动期间，组织学生进行如诗歌比赛、球类比赛等活动，在教师的带领下进行课余活动。在周末休息时通过家访，与家长进行积极的交流，做到让学生在心里充满认同感与自豪感。同时，经常组织班会、辩论会、运动比赛等活动，打乱分组，给学生建立一个展示自我的平台。给成绩相对较差的学生一个展示自我的空间，促进其全面发展。让部分不自信、充满自卑感的学生能够得到班主任与其他同学的重视，从而树立起自信心。

（二）在锻炼中挑战自我，培养自信心

培养学生的自信心要进行多方面的锻炼：

第一，让学生在特定节日活动中自己组织开展各种活动，如组织联欢会、演讲比赛等。学生自行对于活动的流程、内容进行制订，通过演讲竞选的方式投票选择节目主持人，自由进行节目的编排和游戏环节的制订。班主任不参与其中，学生自己做主，自由发挥，让学生获得成功感与参与感，完成自信心的培养工作。

第二，受传统教学方法的影响，固定人员辅助班主任进行班级管理，成为班级干部，大部分学生不能参与班级的管理工作。进行自信心的培养工作，可以实行轮流管理制度，轮流担任作为"管理者"的班级干部，让每位学生能够充分进行自由发挥，获得同学的认同感，改变自卑的心理。

第三，班主任进行任务的分配，具体的事务交给学生来办。在进行班级大扫除时，进行小组划分，分别负责具体的班级清扫工作。在清扫过程中，自行完成打扫工作，班主任不进行帮助。或者是在班级板报制作时，布置板报的制作范围与方向，具体制作完全交给学生。学生自行进行资料收集，班主任不参与板报的设计与绘制工作。学生在独立完成板报制作工作的过程中，实践能力得到了锻炼，获得了成就感与认同感，从而树立了自信心。

（三）营造自信氛围

要想进行自信心的培养，需要营造良好的学习氛围。班主任的鼓励与同学之间的相互认可是营造自信心培养氛围的关键，二者缺一不可。在进行自信心培养的过程中，要注意让学生学会自我激励，自我认可。为此，必须建立一个积极的培养自信的氛围。

在教学过程中，根据学生在不同学科中的学习情况分成不同的学习小组，

进行合作学习，甲给乙补习英语，乙帮助甲进行数学知识的学习。在得到教师夸赞的同时也会自发对其他同学进行赞赏。学生之间会培养出互相赞赏的习惯，在这一氛围下，能够有效促进自信心的产生。

（四）发挥主观能动作用，自发培养自信心

班主任在教学过程中大部分时间处于权威地位，通常通过强制性手段进行命令的执行，这种方式让学生不能独立自主地进行思考，在引起抵触心理的同时还会极大地打击学生学习生活中的积极性，不利于自信心的培养。教师在培养自信心与管理之间必须找到一个平衡点，使学生充分发挥主观能动作用，自我教育，自我管理，产生一个积极向上的心态，在充分发挥自身能力的基础上产生自信。教师只需要做引导和帮助，进行大方向的确定工作。通过分组学习的方式，组建学习小组，互相监督，互相学习，以集体为单位，促进整个小组的进步，最后带领全班一起完成自信心的树立。

（五）提升自身素质，转变教学观念

进行自信心的培养工作，要求班主任自身必须有高度的职业素养，并且能有意识地引导学生自信心的产生。

例如：早上学生迟到，教师进行适度的批评教育，对准时到校的学生进行鼓励，第二天，学生提前来到学校，教师不仅没提昨天迟到的事情，还通过合适的话术进行鼓励："你是班级里反应最敏捷的，悟性也数一数二，你在学习上的落后是因为不良习惯导致的，我对你严厉，因为我对你有很大期望。"学生在班主任进行鼓励、赞赏的同时获得了认同感，从而培养出自信心。

通过这种方式，让学生感受到教师对自己的了解和关心，从而激发内心积极向上的力量，使道德素养得到全面提高，养成自信的心态。学生的思维模式仍处于发展阶段，对于知识的学习有相当一部分的模仿成分，教师通过自身的

行为举止，进行潜移默化的影响，有助于最后实现教育教学目标。

二、培养自信自尊精神的策略

（一）道德品质优秀要表扬

在新的教育理念下，评价一个学生的优劣，不能单看学习成绩，而要本着让学生"成人、成功、成才"的思路，从做人、学习、生活、交往等方面进行多元评价，无论是学校教育、家庭教育还是社会教育，都应该重点抓好对学生良好行为的表扬，强化学生做人方面的优良行为，陶冶学生的情操，发展学生的良好个性，促进学生心理健康。

当中国某地出现了天灾，各国人民都伸出了援助之手，我们班的学生们更是责无旁贷，纷纷捐款捐物。其中，某学生个人捐款 300 元，毛衣 2 件，被子1 床，书包和文具盒各 2 个。对该学生的慷慨之举，我在感谢全体学生的基础上，专门对她进行了表扬，号召全体学生发扬中华民族的优良传统，常怀感恩之心，急他人之所急，想他人之所想，一方有难，八方支援，雪中送炭，情暖中华。良好的道德品质和行为习惯，能提高学生的思想境界，增强学生学习的内在心理动力，为学生的终身发展奠定基础。

（二）精神奖励比物质奖励更重要

奖励是一种表扬形式，对调动学生的积极性有一定的作用。一般应以精神奖励为主、物质奖励为辅，两者结合使用。有一位班主任是化学教师，为了调动学生学习化学的积极性，专门拿出自己的部分工资，为化学成绩好的学生发奖品，暂时取得了一定的成效，但不久就显示出了负面效应：班里学生都把大部分时间和精力放在化学上，而把语文、数学、英语等科目的学习放到次要位置，从而影响了班级的整体成绩。我在期中、期末考试发奖品时，不是单纯给学习成绩优异的学生发奖，而是设立不同的奖项，如学习标兵、奋飞之鹰、单科状元、文明标兵、纪律标兵、卫生标兵等，扩大学生的受奖面，从不同角度评价学生，肯定学生在不同方面做出的成绩，在发放奖品、奖状的同时，加大对学生的精神奖励，大张旗鼓地进行表扬。这种做法，极大地调动了全体学生的积极性，解放了班级的"生产力"，我班各项工作均走在级部前列，被评为"优秀班级"。那些滥用物质奖励，以物质奖励作为刺激的做法，只会导致学生养成不良的学习习惯，不利于学生的终身发展。

（三）表扬要有良好的气氛

表扬奖励在良好的气氛下进行，能增强学生的荣誉感、责任心、进取意识和担当意识，能更好地调动学生的心理动力，激发学生的巨大热情和能量。表扬学生，可以利用主题班会，也可以在课堂教学中进行，而后者更显得亲切自然，水到渠成。

高效源于和谐，和谐源于创新。我在教学中一直主张建设民主、和谐的课堂，鼓励学生积极发言和大胆质疑，主张课堂教学要有"三声"：

1. "笑声"

教师要树立欢乐课堂的观念，使课堂有教学内容引发的笑声，有教学情境设置引发的笑声，有教师幽默语言引发的笑声，有学生机敏语言动作引发的笑声……有笑声的课堂，师生关系和谐，学生注意力集中、学习兴致高涨。

2. "惊讶声"

每一堂课必有令学生"惊讶之处"，关键看教师是否能挖掘教学内容并巧妙设置情境。教师本身也能呈现"惊讶之举"，这要看教师是否具有较高的素质，是否具有高超的教育机智，是否具有绝活。"好奇"是孩子的天性，课堂教学要激发学生的惊奇感，引发学生的惊讶声。这样的教学，能够引导学生学习的自觉性，培养学生的探索精神，启迪学生的创新意识。

3．"赞美声"

要用激励赞美声来促使师生进入教学的兴奋状态。对学生提出的独到见解给予赞美表扬，对学生的精彩回答给予赞美表扬，对学生质疑问题的勇气给予赞美表扬，对学生学习进步给予赞美表扬，对学生的每一个闪光点进行赞美表扬……这些"赞美表扬"，能够催发师生学习进取的精神，激活师生沉淀的潜力，提高师生的美感品位，使教学的内涵更加丰富，使师生教学互动更为融洽，从而提高教学的有效性，教师也能够在轻松愉悦的氛围中，高效地完成教育教学任务。

（四）表扬要及时，方式要灵活多变

一方面，班主任对班级同学做的好人好事、进步表现等要趁热打铁，及时表扬，以强化和巩固学生良好的道德品质和行为习惯。新学期开始，我班刘雨青同学于开学的前一天来到学校，主动将班级的卫生彻底打扫了一遍，为同学们提供了一个窗明几净的学习环境，使全班同学很受感动。在开学的第一个班会上，我对她关心集体、无私奉献的精神及时给予赞扬，同学们也报以热烈的掌声，这对全体同学无疑起到了巨大的教育作用。正是这件小事，引领了全班同学尽职尽责做好本职工作的良好风尚，班级各项工作开展得井然有序。

另一方面，表扬学生的方式要注意灵活多变。新鲜的语言，新颖的表扬，变化的方式，容易引起学生的注意，激发学生进步的动机。既可以当众在班内表扬，也可以个别谈心表扬，而单一的、不变的、重复的表扬方式，会使学生感觉索然无味，不但起不到激励学生的作用，反而会引起学生的厌烦。班主任要顺应潮流，与时俱进，多向网络、媒体和学生群体学习借鉴时髦的语句和词汇，最大限度地融入学生。班主任对学生的学习、道德、行为、健康等方面的进步要及时肯定与赞许，同时要提出新的、更高的要求，防止学生好高骛远，故步自封，使他们进入良性发展的轨道。

三、在学习中培养学生的自信精神与自爱精神——以英语教学为例

英语是一种交际工具，英语教学的目的是培养学生使用这种交际工具的能力。口语是学生英语学习中的重要组成部分，现在的农村初中生英语口语能力令人担忧。教师通过激励、表扬等方式消除学生的畏惧心理，选择贴近学生生活的口语训练卡，创设英语氛围，开展形式多样的口语训练等途径，可以有效培养农村初中生的英语口语能力，并取得了良好的教学效果。新课程改革已经推行多年，《义务教育英语课程标准（2022 年版）》已经出台，英语课程围绕核心素养确立课程目标，义务教育英语课程要培养的核心素养，包括语言能力、文化意识、思维品质和学习能力等方面。随着社会生活的信息化和经济生活的全球化，我国对外开放的进程日益加快。学习和掌握一门外语，开展对外交流是对 21 世纪国民素质的基本要求。然而，在实际生活中，大部分学生口语发音不准，说话不流利，听力差，无法用英语进行交流，这是口语和听力训练不足的缘故。由于家庭英语学习环境、学校教学条件和师资水平等方面的差异，相比城市中学生而言，农村中学生总体上英语口语水平更为欠缺。作为农村初中英语教师，我们应想方设法提高学生的英语口语表达能力，关键是在农村初中英语课堂的口语教学中，英语教师应从学生的学习兴趣、生活经验以及认知水平出发，倡导体验、实践、参与、合作与交流的学习方式。因此，我们采取行动研究的英语口语教学策略，努力让学生在英语听力学习中做到"愿说""想说""会说"。

（一）通过表扬、鼓励的方式消除学生英语口语学习的畏惧心理

在英语课堂上，很多农村初中学生不愿意开口说话，担心自己开口会说错，遭人耻笑，这样导致学生在课堂上始终处于被动位置。因此，教师应给学

生创造一个良好的语言环境，渐渐消除他们的心理障碍，让学生敢于开口甚至乐于开口说英语。

在课堂上，教师可以提供一些简单的主题让学生表达，其形式应尽量简单化，内容也应是学生所熟悉的人或事，如天气情况、自己的家庭、自己喜欢的运动及食物等。由于初学者存在害羞、畏惧怕错的心理，所以在练习的过程中，对表现积极的学生应给予及时表扬，增强他们的信心，培养他们对英语的兴趣。如果发现表达有误的学生，教师不应马上制止或批评，而应因势利导，启发他们大胆开口说话，待他们说完后，先肯定他们的优点和胆量，再委婉地指出错误之处。这种鼓励可以消除农村初中生的畏惧、紧张心理，使他们敢于说英语、乐于说英语，体会到开口交际的乐趣，从而树立起用英语交流的信心。李同学就是一个很好的例子，李同学其他学科成绩很好，唯独英语从来没超过30分，再加上她浓重的外地口音，因此，在班上她很少主动举手回答问题，更不用说进行口语训练了。在我接这个班后，有一次叫她回答问题，她把"traffic light"读"走调"了，简直难以入耳，同学们哄堂大笑，她也羞得满面通红，我微笑着向她竖了竖大拇指，并让全班同学为她敢在同学面前"献丑"的胆量而鼓掌，她也笑了。此后，她在英语课上变得活跃了，她的口语能力也不用我担心了。

（二）通过口语训练卡和多媒体手段让学生在课堂上有话可说

中学英语教材中，有很多课文内容是与生活紧密联系的，如求职、旅行、急救、体育、未来生活等，教师可以就这些内容让学生充分发表看法和见解。当然，提高英语口语能力的方法有很多，就我个人而言，结合教材内容，借助口语训练卡来提高学生的英语口语能力是一种很好的方式。

英语口语训练卡是我作为初中英语教师自己制作的和初中外研版英语教材配套使用的卡片，上面集多种相应会话所用的信息于一体，以图片为主。借助口语训练卡可以有效提高学生的英语口语能力：借助口语训练卡上更多的信息，让学生有意识地加强英语口语训练，逐渐使得学生的英语口语达到一定的熟练程度。

初中英语教材中每单元配套的英语口语训练卡与课文内容有一定的联系，但又不拘泥于课文内容。如，教学动物单词时，教师出示动物玩具教学单词后，再让学生介绍自己喜欢的动物（课前让学生把自己喜欢的动物玩具带来，如果没有，就抽取我预先准备好的一些图片），然后我就用多媒体把图片、关键词和句型列出来，让学生可以借助它们来练习口语。又如，教学"My family"的话题时，我让学生制作一张有关于他们的家庭成员和职业的单词的思维导图卡片，然后拿着自己制作的卡片在班里介绍自己的家人。因此，教师可以运用图片设置情境。具体而言，教师可根据教学内容或故事情节，设计一幅或几幅图片、思维导图，学生可根据图片的内容进行情景对话或看图复述。图片的画面并不复杂，可供学生进行图片描述。这样，学生眼睛看着图片的内容，头脑中想着相关的单词和短语，在进行口语练习时就不可能出现简单的三言两语之后便再也无话可说，或者非常想表达但又不知如何表达而干着急的现象。同时，又由于图片本身有一定的空间顺序（如左右、内外等），对培养学生组织语言的逻辑性和连贯性特别有益。教师在课堂教学中对不同层次的学生应做不同要求：口语能力较强的学生不但要运用所提供的全部关键词和短语，而且还应该适当扩展；而能力较弱的学生，则可根据自己的实际情况选择部分关键词和短语进行练习，这样，不同层次的学生都能得到不同程度的有效训练。我们可以用多媒体电化手段调动学生的全部感官参加学习，它提供声音、图像、外语文字组成的"三维空间"，使学生能置身于真实的语言环境当中，做到眼到、身到、口到、手到、心到。这样，他们便能轻松地全身心投入到学习活动中，积极思考，发挥想象，促进记忆，主动参与学习，排除母语干扰。

例如，在七年级上册 Module 8 Choosing presents Unit 1 I always like birthday parties 中，教师先从一段关于生日歌的 flash 影片入手，使学生在欢快的乐曲中进入英语情境，再引入话题，播放本课的录像，组织一个生日聚会，让学生置身其中，学生睁大眼睛欣赏着，感悟着，他们被此情此景深深地打动了，心里暂时忘却了母语，思维随着画面中的动作和声音一起运转着。在多感官的刺激下，学生左右脑同时活动，学习效果不言而喻。

（三）用"言行"创设英语氛围

用"言行"创设英语氛围就是指利用有效的教师语言和丰富的表情动作来调节课堂氛围，带动全体学生的积极情感，营造健康向上的语言环境和心理环境，从而提高教学效果和英语教学质量，使学生对英语口语更感兴趣。

1. 课堂英语化

学生学习英语缺乏英语语言环境，这就要求老师尽量用英语进行组织和教学，给学生提供浓厚的英语语言学习氛围。老师应该重视课堂内外坚持说英语的示范性和榜样作用，创设浓厚的英语语言环境氛围。在课外，老师主动用英语与学生打招呼，用"Hi！""Good morning."等，课堂上用英语进行师生问好、提问、鼓励、表扬等，即教学中用英语进行简单交流，常用"what""why""where""how"等词，如常与学生进行交流"What are you doing now？""How old are you？""Where did you go yesterday？""What's the weather like today？""What's the date today？""Who can tell me？"等，这样组织教学，一段日子下来，学生会争先恐后地用英语与老师打招呼和回答问题，从而养成学生用英语进行交流的习惯，这将有效地提高学生的英语听说能力。只要老师坚持说英语，学生听的能力就能提高，从而为学生开口说英语提供了保证。

2. 教学表情化、动作化

教学表情化、动作化就是在教学时配合以眼神、表情和肢体语言，形象生动地表述和讲解，教师通过教态向学生传达信息和传授知识，教师还应善于用不同的眼光表情达意，这样能使课堂知识、课堂口语简单化，让学生更加容易理解老师的话和课堂知识。

在教学过程中，我们要充分利用学生好动的特点，鼓励他们用身体动作、表情来表达自己对英语单词、对话的感受，通过"动"激发他们学英语的兴趣，深化对英语的感受效果，加强对单词对话的理解。在课堂上，可以借助动作来帮助学生理解单词、句子或句型。如教学方位介词时，老师可以边说边做动作：This is the door. Now, I am behind / in front of / near the door. 又如在教学现在进行时态和祈使句时，运用动作教学的实效性就非常强。老师可以对几个学生发指令，让他们做一个动作，让其他的学生回答问题，如：Clean the desk, please. 教师也可以借助实物、图片、手势、动作、表情、简笔画等来帮助学生理解，如在教 feelings 时，只要在黑板上画上一张脸，变换不同的表情，就可以学习"happy""sad""angry"等。又如在教水果、文具用品单词时，教师用简笔画画出形状，学生就能快速感知其意，之后，可让学生上来画一画，既激发了学生的学习兴趣，又能使学生快速记忆。由于简笔画为教学提供了恰如其分的语言情境，给学生创造了听、说训练的机会，还能减少和不使用母语，这样学生学起来倍感真切、兴趣盎然，在不知不觉中提高了口语水平。通过以上方法的实施直观情境，耳濡目染，避免了母语的干扰，有利于学生建立英语思维的习惯，强化学生用英语表达的习惯。

（四）开展多种形式的口语训练

1. 学会模仿

语言是从听开始的，当一个婴儿生下来就学说话时，全靠听，模仿母亲的声音。外语语音学习也不例外，学生可以跟着老师或录音带朗读，反复模仿，掌握语音与语调。教师要强调学生持之以恒地模仿、重复练习。如教学 Story time 这个模块时，用正确的语调来朗读对话十分重要，在金凤花姑娘和三头熊的故事中，当三头熊回来分别看到自己的粥和床被人动过之后，说话的语气很不同。怎样来读好三个动物的语气呢？我首先播放动画，让学生观看、了解，然后询问：三个动物分别用什么样的语气来读？结合录音，学生马上了解到最小的熊是特别生气，生气到想哭的语气。因此在了解的基础上，要想读好这些对话，需要学生不厌其烦地反复听读和模仿。当然，只用单一的全班跟读的形式显然是不够的，我还给他们提供了多种读的形式：小组齐读；小组分角色读；个人扮演三个角色变换语气读……多种形式的切换使学生避免了反复读的无趣，动物语气的多种变化使他们越读越兴奋，越读越好。

2. 复述故事，训练说话

复述有两种常见的方法，一是阅读后复述，二是听磁带后复述。具体方法：要循序渐进，可由一两句开始，听完后用自己的话（英语）把所听到的内容说出来，在刚开始练习时，因语言表达能力、技巧等方面原因，往往学生的复述接近于背诵，但在基础逐渐牢固后，复述的灵活性就会越来越大。如在帮助学生复述课文时，教师可以抽取与课文主要内容密切相连的重点词汇和短语，或者将整篇文章或对话的思路做成一个思维导图，让学生以这些信息作为线索来复述课文的梗概。学生可边看边想，用词串句，用句串段，由段及篇，层层扩展。如要求学生复述 Go for it 八年级下 Unit 3 Section B Part 3 时，可通过小黑板或幻灯片出示以下要点，引导学生复述：

① What was Linda doing when David ran away ?

② Why couldn't Linda see David ?

③ Where was David while Linda was looking for him ?

④ What happened while Linda was on the telephone ?

⑤ What was David doing when Linda finally saw him ?

这种将复述要点展示给学生的方法较适合于低年级学生或基础较为薄弱的

学生。用自己的话有重点、有条理、有感情地叙述出来。它熔理解、记忆、归纳、表达于一炉，对提高口头表达能力有独特的作用。

3. 课前三分钟训练

每节课前花三分钟，让学生轮流上台用英语演讲，自由发挥，可以讲当天的新闻、故事、班里的好人好事，以及学生感兴趣的话题，要求尽量运用规范的英语口语或句式、句型，传递信息，表述内容。时间久了，同学们兴趣越来越浓，如有一次，轮到某个学生上台演讲，这天刚好是他生日，于是他就自己设计了邀请同学去参加他的生日晚会的话题，而且现场邀请同学加入他的表演当中来，当时的气氛真的很热烈，这样自然而然就养成了自主语言训练、语言实践的良好习惯。

4. 开展多种形式的课外活动

口语能力的提高需要大量、反复的实践，仅靠口语课上的训练是远远不够的，要搞好英语口语课的教学，不能仅局限于课内辅导，还要创造条件引导学生开展丰富多彩的英语课外活动。通过学习小组、英语角、英语演讲、英语竞赛等形式多样的课外活动，使学生有更多运用英语的机会。配合课堂教学，举办"课文短剧""课文小品"等小型有趣的英语节目，让学生扮演各种角色，模仿人物对话，讲故事，当"小老师"，表演短剧、小品，听英语歌曲和英语影视录音等。通过开展形式多样丰富多彩的英语及娱乐活动，让学生直接感受口语训练和语言实践活动的轻松愉悦。如 Christmas Party 对话表演是学生们非常喜爱的，我在圣诞节当天举行了一个英语口语表演大赛，学生们经过练习课文内容，结合自己的生活实际，自编对话，他们都非常乐意自编自演。这样，他们在浓厚的英语氛围中乐于参与、乐于开口、乐于用英语表达自己的思想，在用中学，在学中用，使语言形式与语言运用相联系，使语言形式与生活实际相联系，从而使语言技能得以发展，成为运用语言进行交际的能手。

经过一段时间的口语训练，我发现学生们的口语水平有了明显的进步：学生们有勇气开口讲英语了，开口讲英语的频率比以前高了，不再像先前那样怕上英语课了。所有这些变化，都表明了口语训练初见成效，往后还需要不断实践，不断提高口语水平。农村初中英语教师要特别注意做到因材施教。在英语口语教学中，教师要考虑农村初中学生的个性差异，既要面向大多数学生，又要根据学生不同的性格特点采取不同的方法，有的放矢地进行教学。性格外向的学生，活泼大胆，反应迅速，对这类学生应采取"吹毛求疵法"，在保护他们积极性的同时，对他们从严从高要求，让他们说得对，说得准，说得好。性格内向的学生，动作迟缓，反应速度慢，对他们应多采取"激励法"，着重培养他们敢说和愿意说的良好习惯，鼓励他们敢于发言提问。因材施教，是解决英语口语表达问题的重要方法。要提高农村初中生英语口语的能力，光靠前面提到的那些方法是不够的，还需要进行大量的练习，只要我们平时注意基础训练，让学生具有扎实的英语基本功，再鼓励学生多说多练，就一定能提高农村初中生的英语口语能力。

第四章

润物无声

班主任的班级管理工作应该是润物细无声的，让学生在细节中学习与成长。在班级管理工作中，要有意识引导学生参与管理，同时在不同学科中融入德育教学的内容，促进学生多方位成长。

第一节　师生共同参与班级管理

引导学生参与班级管理，既能够和谐师生关系，又能够促进学生成长，这是班主任工作与德育教学的重要途径与手段。

一、班级管理的核心认知与有效策略

（一）班级管理的核心认知

从事班级管理工作以来，我感受最深的是：要做一名出色、成功的班主任，必须要有"三心"——"爱心""耐心""责任心"。作为班主任，我们必须从各个方面去关心学生，帮助他们解决成长过程中遇到的各种困难，这就要求我们去"热爱"每一个学生，去包容他们在成长过程中做的每一件事情。这种包容，不仅要体现在所谓的好学生身上，也要体现在所谓的坏学生身上。其实，每一个学生在我的眼里是没有好坏之分的，每一个学生都有其出色之处，

当然，一个班的学生存在差异是不可避免的，无论是在整体上还是在个别方面，学生的发展必然因人而异，作为班主任，我以博大的胸怀去包容班级的每一个学生，无论是他们的优点还是缺点。

为人师者，特别是班主任，要做到为人师表，爱护和关心学生，以自己的言行和品德去感化学生，逐步在学生的心目中树立自己的威信，赢得学生的信赖和尊重。这样，当某个学生在学习或生活中遇到难题或不顺心的事时，就会想找信赖的人——班主任，一吐为快，指点迷津。每个学生都有自己的学习方法和生活圈子，有喜怒哀乐，因此，我从学习和生活中每件实实在在的小事上去理解、去关心，与学生真诚地沟通，这样学生才易于接受、乐于接受。我认为，要做到这些，虽然并不是很难，但确确实实不是一件容易的事，我一直在努力去做。只有用真诚的心去听，才能倾听到学生心目中最真的声音，这就体现在一个"耐心"上。

初中生对教师的教育不再是信而不疑，全盘接受，他们深受家庭、社会的影响，他们的功利性、实用性目的非常明确，所以单靠班主任个人的力量肯定是不行的，需要加强家校的联系。我们可以通过电话、家访等多种形式，形成严格的家校联系制度，熟知学生的具体情况，使教育工作具有针对性，通过家访及时了解一些学生的心理动态，有效地解决一些学生的异常行为，同时在与家长的联系、交往中争取到家长对学校工作的支持配合，让家长了解班级有关管理制度，引导家长科学教育孩子，通过双方信息的反馈互通情况，形成家校共教的合力，尽量把问题化解在萌芽状态。

（二）班级管理的有效策略

我深深地体会到班主任的工作态度、教育艺术水平、教育方法、组织管理能力以及以身作则的表率作用，影响着班级的建设、巩固和发展，影响着学生成长的速度和趋向，我认识到作为班主任，不仅要有良好的文化修养素质，还要有科学的工作方法。

1. 正面宣传、教育，形成团结友爱、勤奋好学的班风

班主任要充分利用班会课以及其他时间加强宣传力度，调动学生的求知欲望与自我成才的动力，还要把学习问题常挂在嘴边，常常提醒他们，当然，还要以自身行动、学识去感化他们。针对有些学生对刚升上初中的那种无所谓的心理或懒散的态度，我常常对他们说，人们说的没有错，要成才并非都得挤着"独木桥"，不过，既然我们选择这条路，我们在这最后关头就更应当尽力而为，不要把遗憾留给以后。我也常常教育他们，你们从不同的地方，进入了我们学校，来到了我的班级，走到了一起，你们就是一个追求人生梦想的整体，你们不要辜负父母、亲人的期望，努力学习，争取进步，既然是整体，你们就要做到人在一起，心在一块，紧密团结，互相关心，互相帮助，取长补短，共同学习，共同进步。做任何事都贵在坚持，我也坚持天天抓，天天讲，"勤奋学习、团结友爱"变成了我的口头禅，也变成了学生的自觉行动。

2. 培养班干部组织，让学生"自治"

要管好一个班级，许多工作还得靠学生来干。因此，在管理中，我坚持"适度放权"，我所遵循的原则是"干部能干的，班主任不干，学生能干的，班干部不干"。因此，挑选和培养班干部显得非常重要，班里的很多工作，我只给予适时的指导，其他的都由班委、团委来完成，比如劳动委员负责学校的大扫除，副班长负责甲流期间的体温测试，班长负责统筹安排等，这样，既减轻了我的管理压力，又充分调动了学生的积极性和主动性，还锻炼了他们的工作能力和自我管理能力，培养了他们的创造性。近年来的工作证明，一个得力的班干部组织不仅能减少班主任的工作，而且对一个良好的班集体的形成有着非常重要的作用。

3. 利用各种机会，及时与家长、科任老师交流、沟通

除了公开的正面宣传教育之外，班主任要常与个别学生进行面对面的谈话，谈话的对象是全体学生。观察了解学生的思想动态，及时与学生交流，同

时，通过家访、家长会或打电话等形式及时与学生家长联系，让家长了解学生的在校情况，还要和科任老师沟通，了解学生的整体情况，反映学生的问题，同时把教师的一些要求传达给学生，使师生能够更好地协作，提高学习成绩。

4. 要确定切实可行的奋斗目标

班集体的共同奋斗目标，是班集体的理想和前进的方向，班集体如果没有共同的奋斗目标，就会失去前进的动力。所以在班级管理中首先要明确班集体的共同奋斗目标，这样可加大班级的凝聚力。

要确定切实可行的奋斗目标，班主任就必须抓好以下三个环节：

第一，调查了解班级学生的情况，这一环节必不可少。每次接手一个新的班集体，我都先让学生每人写一份自我介绍，然后找学生谈话，联系家长了解情况，再根据学生的兴趣和爱好、共有的特点，结合学校的工作来制定班级奋斗目标。

第二，考虑从长期、中期、近期三个阶段来制订奋斗目标。长期目标可以理解为三个学年度的奋斗方向；中期目标可以理解为一个学年度的奋斗方向；近期目标可以理解为每阶段教育所要达到的目的。长期目标是组建班集体的最终目标，组建班集体的全部工作都是为了使全班学生朝着这个方向去努力去奋斗。但是这是一个循序渐进的过程，组建班集体工作的重点应放在中期目标，尤其是近期目标的设置与实现上，因为只有实现了一个又一个近期目标，才能引导学生有信心实现其理想的远大目标，并为实现这些目标而努力。

第三，目标制定后，班主任要狠抓落实，长期坚持，不能朝令夕改，更不能只制定不执行。不执行制定的东西就是一张空文，没有任何意义。因此，近年来，我把制度的执行、目标的考核作为德育教学的重中之重，做到有布置、有检查、有督促、有考核，确保工作落到实处。

5. 狠抓环境卫生的教育、管理，创造良好的卫生环境

讲究个人卫生和保持教室、校园环境整洁卫生是每个学生身体健康的需

要，而健康的体魄又是青少年素质发展的首要因素。同时，洁净、优美的环境是学生在校愉快生活、用功学习的必要条件。在初中学校，对学生进行环境卫生的教育、训练，是班主任一项基本的经常性的工作。

担任班主任工作的这几年，我一直狠抓卫生工作。首先，要从学生的个人卫生教育督促做起，要求他们穿戴整洁，头发干净整齐，女生不烫发、不化妆、不留长指甲、不穿高跟鞋，男生不留长发。从迈进初中学校大门之日起就要养成良好的卫生习惯，要求他们不随地吐痰、不乱扔废弃物，不吸烟，不喝酒。提出要求后，每周班会课前先让学生自查，然后组长检查，最后班主任抽查。其次，从爱护周围的公共卫生环境抓起，要求学生"认真值日，保持教室、校园整洁优美"。在这方面，为强化学生的责任意识，我们班实行"卫生承包责任制"，要求每位学生以主人翁的身份参加劳动卫生。把教室、走廊、清洁区的卫生任务细化，并制定了一张卫生任务表，以承包的方式把任务落实到每个学生的身上，真正做到人人有事干，事事有人干。为保证卫生工作的质量，每天由一名值周班干部、卫生委员和当周轮值的小组长担任卫生监督员，每个参加当天卫生打扫的学生，经卫生监督员验收过关后方可离开。每周进行卫生评比，期末按积分选出先进小组和卫生标兵。作为班主任的我经常与卫生监督员、卫生委员交流，了解班级卫生保洁情况，并引导他们工作。最后，利用班会引导学生把爱护环境的意识上升到保护生态环境："爱惜花草树木，保护有益的动物和生态环境。"

二、班主任管理工作的路径探索

（一）加强班级文化建设，创设良好的育人环境

浓厚的文化环境是陶冶学生情操的园地，良好的教育环境对人的各方面的发展具有潜在的力量和巨大的作用。我在班级文化建设方面做了不少的工作，

为孩子们的成长提供了一个良好的教育环境。

　　首先，建设教室文化。我除要求班级的教室必须是课桌整洁、门窗明亮、物品有序、地面洁净外，还要求有一个健康向上的文化氛围，创造一个文明的学习环境。在教室墙壁上，我根据需要不定期地更换张贴这样的标语："苦学巧学，超越自我""没有最好，只有更好""人生短暂几十年，让自己活得有价值""生活处处皆学问，只要咱做有心人"等；在班级的心愿栏张贴每个学生三年的奋斗目标；在班级光荣榜上，张贴学习标兵的相片和各类比赛的获奖名单；要求学生将自己的座右铭、近期目标制作成小卡片贴在课桌的右上角，以时时提醒自己。其次，坚持在课前三分钟读新闻、小故事、励志小文章。再次，充分利用网络资源和多媒体教学资源，和学生一起学习李践的《假如今天是我生命中的最后一天》《做自己想做的人》；中国著名演讲家邹越的《让生命充满爱》；天下父母之《俺娘》《鑫秋》《慈母》等。最后，坚持每日赠言活动，由学习委员在黑板的一侧抄上名言警句，以鼓励大家的斗志。

（二）与学生融为一体，做好深入细致的思想工作

　　德育工作始终是班级管理和班主任工作的核心，而且学生的思想工作也确实比较难做，如早恋、盲目崇拜明星、产生逆反心理、与长辈发生冲突等问题就很令人头疼。为此，我充分利用周记与学生进行思想沟通。例如，每周周记的题目是根据我对学生的认知需求而设定的，如"谈谈你对男女早恋问题的看法""我最近最想……""假如我是老师（或父母）""如何看待学校禁止带手机来校"等。学生当面不敢跟我说的心里话，也可在周记里留言。通过周记，我可以了解学生的思想动态，然后针对他们的情况，对症下药在评语中给予鼓励、支持和肯定。我在周记里了解到有些学生情绪波动较大时，就尽快地找他们谈话，帮助他们走出思想误区，放下思想包袱，轻轻松松地投入到自己的学习中去。同时通过电话联系家长，及时把孩子们的情况反馈给他们，家长们了

解到孩子的情况后，做到了心中有数，对我的工作也给予了很大的帮助。

谈话法就是直接与学生进行交谈，这是做好学生思想工作的重要方法。在这一环节中，我利用一切可能的时间坐下来与学生谈话，谈话的内容不局限于学习，可以谈理想、谈新闻、谈做人道理、拉家常，拉近与学生的距离，加深师生之间的感情交流，从而获得了学生的理解与帮助。

（三）开展班级活动是班级管理的常规性工作

班级活动对促进全体学生德、智、体、美、劳各方面发展起着重要的作用，同时班级活动是组织建设良好班集体的有效方法，还有助于形成正确的集体舆论和良好的班风。因此，开展班级活动应该成为班级管理的常规性工作。

班主任要充分利用好开展各项活动的机会，在做好总指挥的同时，寓管理于活动之中。我把班级活动大致分为三类：一类是知识竞赛活动。每周我都会利用一节课开展比一比的知识竞赛活动，一般以小组为单位进行比赛。首先均衡学生各方面的情况，把他们分为六个比赛小组。题目有向科任教师征集的，有从网上、《十万个为什么》、报纸、杂志摘取的；内容有各科的知识要点、英语单词、语文词语、时政要闻、生活小知识；比赛形式有必答、抢答、选派最佳选手或指定水平相当的选手进行默写、听写比赛等。比赛时，由班长主持，班主任和值周班干部监督，同时，值周班干部负责把每一轮比赛各小组的得分记在小黑板上。比赛顺序：第一轮，每个小组必答两小题；第二轮，各小组抢答；第三轮，一分钟英语单词默写；第四轮，语文词语听写。另一类是荣誉评选活动。每学期的期中、期末考试之后，我都会选出本班10个学习标兵和5个进步最大的学生，班会上给他们颁奖，还将他们的照片贴在光荣榜上。在纪律和卫生方面，定出加分扣分细则，每周进行一次评比活动。如，同学们纪律方面的表现由各纪律小组长交叉记录，并及时反映在班级评比栏上，每周让纪律委员在班会上作总结，表扬好的，批评差的。卫生方面由卫生小组长、卫生委员对各小组和个人工作情况进行记录，并在卫生评比栏里打钩，对一周进步明显的和对一周保持习惯最好的进行奖励。期末按积分评选纪律、卫生先进小组和纪律、卫生标兵。最后一类是文体比赛活动。每个学期由体育委员组织开展男子篮球比赛，女子排球比赛，参与者都会获得小小纪念品，获得第一名的小组给予奖励。每年学校举办"迎新年"元旦晚会，我们班由文娱委员组织有文艺特长的同学在班上进行才艺表演，然后筛选最好的节目参加元旦晚会，被选上的同学都能够获得奖励。

开展丰富多彩的班级活动，不仅有利于班主任对班级的学生进行集体教育和个别教育，培养学生素质，也锻炼了学生和学生干部的能力，使他们在活动中寻找快乐、获得知识、提高各方面的能力。

三、班主任做好管理工作的方法

一个班级是由五六十名学生组成的，要培养好这些学生，班主任就必须引领学生共同参与班级管理，确定切实可行的奋斗目标，狠抓环境卫生的教育、管理，充分挖掘他们的内在潜力，优化他们的成长环境，使他们成长为适应时代要求的各类人才。要达到这一目的，必须依靠作为班级领导者和组织者的班主任，只有班主任做出长期的努力和实践，通过切实有效的班级管理，才能在现代育人的花园里培育出灿烂的花朵。

"师者，所以传道授业解惑也。"这是千百年来中国传统教育对教师职业的经典诠释。我国教育的发展模式，从春秋战国的门生教育，到庠序（私塾）的诵读教育、语录教育、家训教育，再到近代的较为典型的班级授课制，教育的模式日趋完善、合理和规范，教育的内容也逐渐地成熟、明确和充实。无论古今中外，教师始终是人类文明的拥有者、承载者和输出者。教师通过有计划、有目的、有组织的教育活动，带动学生去积极地认识外部世界，探索物质规律，获取文明成果。因此，教师要为人师表，用自身的人格行为影响和感染学生，因而，学生需要一碗水，教师便是一桶水、一眼泉，才能为学生提供更多的滋润。名师出高徒，教师的感染力是无穷的，优秀的教师可给予学生更好的教育与成长引导。学生在整个教育活动的组织和实践中，是嗷嗷待哺的雏鹰、蹒跚学步的小儿。外部世界规律的掌握，人类文明成果的汲取，他们就不得不依赖教师的教育活动来获得，因而，学生就要循规蹈矩，就要学会模仿，高徒出于严师。在传统的教育活动中，教师始终是主体，是各类教育活动的发起者和组织者，而学生始终是一个体积无限大却永远也大不过老师的容器。整个教育活动以教师为圆心，教师对学生的表象感知为半径所形成的一个有限的、封闭的而又无奈的圆，圆内的各点各面都是可感知的、可预测的。

社会飞速发展，时代突飞猛进，信息日新月异，教育在改革中化茧成蝶。僵化的教育模式愈来愈成为新形势发展的桎梏。近年来，各类教育口号层出不穷，"面向全体教育""快乐教育""素质教育""实践教育"等等，都向所有的教育者提出了一系列全新的问题，教育教学该何去何从？教师该何去何从？学生又该何去何从？

近年来，新课程改革已经全面普及，新课改不仅仅是教学大纲的变革、教材体系和教学目的的转变，更为重要的是教育理念的彻底更换，教育关系的重新定位，教育教学模式中活动角色的中心转移。它是一个庞大而又全新的工程，牵涉到教育体系的方方面面。我认为，在所有的教育活动中，学生始终是教育的主体，这个理念不能变！而学生参与和接受各类教育活动的场所和媒介，都是以班级为单位来实施的，因而班级的管理质量，将对学生所接受的各类教育活动的质量起到至关重要的影响。那么，在新课改的形势下，一名优秀的班主任，又该如何适应新的形势，管理好班级，教育好学生呢？以我之拙见，可以从以下三方面做起：

（一）更新理念，转换角色，营造健康、温馨而又充满活力的班集体

新课改浪潮日新月异。教育教学的各个方面标准都有了更新、更合理、更人文的变革。管理就是认识学生的天性，尊重学生的天性。班主任首先要从学生出发，要用动态的、发展的、辩证的眼光看待每位学生每时每刻以及经历事情的情绪变化、心灵感悟。世界上没有完全相同的两片树叶，班主任要用发展的眼光看待学生，分析他们的个性差异，而不能一味地"管制"和"高压"，重在互动地"调理"和"激发"。每位学生都是有感情、有思想的人，不是一台台雷同的机器。班主任的工作理念应是"农业教育"的思想，将自己置身于学生当中，与学生一起感知，共同学习。认知真、善、美，辨别假、恶、丑，体验学生成长的快乐，随之各类教育活动就在潜化默移中"润物细无声"了。这样的班级管理机制，学生感受到的全是温暖，而作为班主任并没有失职失责，相反的是收到更佳的教育效果。

（二）科学管理，灵活教育，建立班级管理与学生教育的互动机制

学生是班级的最基本单位，每个学生的成长情况都会影响到整个班级的管理质量。在传统观念中，班主任的职责就是"管好学生，创建文明班集体"，而在新课程改革形势下，班主任的角色职责已经发生了变化，真正地走下了讲台，来到学生中间和学生共同参与活动，但根本职责并没有发生变化，只是在工作形式上有了一定的转换。集体荣誉感是每个学生心中至高无上的光环，集体力量是每个学生成长的动力源泉。班主任应该清楚地认识到这一点，在管理中，充分认识、了解学生的共性特征，包括生理的、心理的、年龄的以及年级因素等，同时也应认真地了解学生的个性特征，包括性格、爱好、身体状况、学习状况、优缺点、家境状况以及之前的各方面情况等，尤其是学生的闪光点，做到共性管理和个性教育的结合，对待每位学生都要有爱心、耐心和平常心，这一点很重要。建立健全各类班级制度、考评方案。无论其多么优越、合

理和科学，首先要得到学生的认可和接受。只有这样，管理方法才会行之有效，才会有的放矢，班主任所付出的教育行为才会取得预期的效果，"死"的东西才会收到"活"的效果。

另一点，就学生教育而言，学生入学后，将受到家庭、学校和社会等各方面的教育影响，而学校班级教育尤为重要，它直接决定学生良好的习惯、优秀的气质、健全的人格、高雅的情操的形成。在新课改的形势下，班主任工作的外因是管理好学生，引导他们去学新知识，认识外界的客观规律，而内因则是对学生全方位的熏陶教育，这才是班主任的工作本源。学生的教育不是一成不变的，也不是单调的、机械的和"大众目的性"的重复劳作，而是建立在师生互动、相互对话的基础之上的。学生首先是有思维、有思想的人，教师应充分地了解和熟悉学生各个方面的发展特征，并与之建立融洽、和谐的师生关系，教会学生用正确、智慧的眼光感知外部世界，探索规律。而学生也教会教师用淳朴、天真的眼光感知自然的美丽、阳光的灿烂、空气的清新、天籁的宁静，教师和学生真正是一种"教学相长"的关系。班级不再是教师重复劳作的绳索，而是其创造惊喜、发现快乐的园地；班级也不再是学生身心发展的桎梏，而是其健康成长的乐园！因而，学生的管理和教育是班级全局工作最重要的两个方面，也是最容易产生偏差的方面。作为一名优秀的班主任，应放下"自我"，真正深入到学生、班级中去，将二者有机地、和谐地结合起来，达到理想的互动，这才是班级管理的最佳状态！

（三）寓教于学，寓教于乐，寓教于动，师生互动，营造完美的班级舞台

班级无论如何变化，始终是学生接受教育并健康成长的场所，也是学生性格重塑、个性张扬的大舞台。教师的角色无论如何转换，"导向"和"发现"的基本职能不变。寓教于学，就是将教师的教和学生的学模糊化，仅仅只体现

教师的发现和导向职能。教师和学生共同学习知识、共同探寻规律。而教师的角色或前或后或明或暗，把"点拨"留给自己，把"发现"和"培养"留给"师生共同体"。

寓教于乐，就是从学生的天性出发。快乐是学生最容易感知的情感体验，将各类教育教学活动渗透于快乐情感中，将会收到意想不到的效果。试想一个犯了错误的学生，心情本来就很糟糕了，而我们的教育再加以生硬、单调的"惩戒"操作，教育的效果就可想而知了。错误已经发生，何不快乐积极地解决呢？教育方法多种多样，快乐独好！

寓教于动，就是要用动态的、发展的方法实施教育活动。"流水不腐，户枢不蠹"，学生的变化是每时每刻的。一件小事也有可能改变学生的人生观、世界观，甚至改变他的一生。这就要求教师的教育方法也要是动态的、变化的，同样的问题，要结合学生的过去和现在，再进行纵向的比较，也要看他与其他学生的个性差异，之后再进行横向比较，力求针对不同的学生，采用不同的教育方法。

班级是个大舞台，是班主任体现和展示个人教育艺术的天地，是学生性格塑造的场所，更是师生互动，完美完成教育活动的无限平台。

新课程改革已经全面开始，其是我国教育体制改革中很重要的一环。作为一名教育工作者，应认真地学习新课程改革的精神，更新理念，转换角色，以新的姿态投入到工作中去，任更重，道更远，我们要做的就是学习学习再学习。在发展中学习，在动态中学习，在交流中学习！

四、鼓励引导学生适当参与管理班级

（一）让学生适当参与，制订适合本班级的班级管理与生活计划

古人云："凡事预则立，不预则废。"制订出适合本班级的班级管理与生活

计划是每一个班主任必须做的第一件事情，因为本班级的班级管理与生活计划关系到学生近期和长远的发展与成长。只有在了解学生身体状况、学习状况与心理状况的情况下，才能够制订出具有可行性的、有效的班级管理与生活计划。因此，在班级管理之初，班主任在制订班级管理与生活计划的过程中要让学生参与进来。学生参与后，他们能够在思想上深刻地认识到本班在纪律、卫生、学习、品德等方面的优缺点和本班的发展方向，从而也就明确了自己在以后的学习、生活过程中应该从哪些方面入手，向哪个方向发展。这一做法相当于通过制订班级管理与生活计划，实现了一次班级学生思想的升华，保证了学生学习的积极性。

（二）信任、适当宽容学生，为学生的适当参与管理敞开大门

在班级管理与生活中，要让学生适当参与到班级管理与生活中来。首先，需要班主任相信自己的每个学生都能为班级做点事，每个学生内心都是爱班级的；相信每个学生都能参与到班级管理与生活中来。其次，需要班主任引导学生参与到班级管理与生活中来做好本班级的班干部竞选。因为，班干部是班主任最得力的助手，班干部能协助班主任进行班级管理工作。

因此，让部分同学参与，和班主任一道观察、交流确定班干部的人选，再由全班选举产生。只有这样学生们才会信服班干部，才会配合班干部的班级管理与生活。这样一来，班级的管理又多了几个得力的管理者和监督者。这一做法又能让许多的学生不自觉地参与到班级的管理中来。另外，班主任适当的宽容也会让学生们积极地参与到班级的管理中来。只有让学生充分感受到教师对他们的尊重和赏识，他们才能健康地成长、愉快地生活，他们才会用自己的聪明才智参与到班级管理与生活中来。

（三）把赞美、自我管理还给学生，促使学生参与到班级管理与生活中

德国教育家第斯多惠指出：教学艺术的本质不是传授，而在于激励、唤醒和鼓励。所以，学生需要班主任的赞美，赞美是师爱的表现，是对学生积极的肯定。因而，我在班级管理和生活中把一些自主权还给学生，是对学生的信任、肯定的赞美、管理能力的考验。有时，我让班委会协商召开班会；班干部、全班同学协商共同管理好班级的各项事务；我只提些指导意见，把我的期望表达给学生们。例如，让班委会组织召开班会，我只作为其中的一员或一位旁听者，把自主权还给学生们。结束时我做点评，这样几周坚持下来，班级管理与生活参与的班干部多了，参与的学生也多了。参与的班干部、学生的自我管理能力有了很大的提升，班干部、部分学生的管理能力也有了很大的提升。所以我想，把自我管理权还给学生，让学生学会自律是符合新课改、符合新课程标准的。再有，让部分学生参与到学生操行评定的过程中来，促使学生参与到班级的管理与生活中。在操行评定的过程中学生通过回顾近段时间自身以及其他学生在班级内的表现情况，从而对自己、对他人进行评定，这样可以让学生进行横向和纵向的比较，找到在学习过程中的优势与差距。因此，学生参与操行评定过程显得十分重要。为了达到全面评价学生、促进学生学习的目的，班主任可以让学生全面地参与到评定的过程当中去。学生在进行回顾的过程中会反思自己在学习上是否有进步，自己的优势在哪里，自己与其他学生之间的差距在哪里，等等，通过这些反思，学生可以找到自己的优势与不足，确立以后重点努力的方向与目标。

（四）班主任不时创设情境进行传统文化渗透教育，引导学生参与到班级管理与生活中来

雅斯贝尔斯说："教育是人的灵魂的教育，而非理智知识和认识的堆积。"也就是说，教育是关于人的精神教育，其重要特征就是它的人文性，而终极旨

归是"培养人"。班主任工作要营造适宜学生成长的文化环境，不断丰富学生的文化素养，促进学生的文化性发展。鼓励学生参与到班级管理与生活中来。我在班级管理与生活中，让学生们理解认识"团结就是力量"。我先拿一双筷子让我班学生们都公认的"大力士"折断它，他轻而易举地做到了；再让他折断两双筷子，他也做到了；再让他折断三双筷子，他也做到了；我继续增加筷子数量，让他折（允许找帮手），当筷子数量多时，他们无法折断了。接着，我的问题来了，让所有学生说出自己想到了什么？在交流中，得到"团结就是力量"。再把自己的认识写成一篇周记。利用情景渗透文化教育迫使学生参与到班级管理与生活中来。

（五）学生和教师一起制订班集体奋斗目标

制订班集体奋斗目标。班集体共同的奋斗目标在班级建设中具有导向作用，是班集体的理想和前进的方向。

发挥班集体正能量，培养良好班风。学生的个性发展离不开班集体，班主任应该努力创设严肃、活泼、和谐的班级氛围，营造良好的班风。发挥班集体正能量是形成良好班风的基础。一个班集体如果具备了正能量，正面的集体舆论就会像一张无形的大网规范着每一个人的行为。例如，上自习课时，有学生讲话，马上会有人制止；有人欺负弱小，马上会有人打抱不平；损害班级荣誉的行为一旦发生，马上会引起众人谴责；当正义行为不被理解时，正面的集体舆论会及时地施以强大援助。班主任要善于利用班集体所形成的正能量正面引导每个学生的心理，规范每个学生的行为。要形成班集体正能量，培养良好班风，班主任对于一些原则问题，要鲜明地表明自己的态度，不可听之任之。在表扬先进的同时，要打击歪风邪气，让积极的思想和行为得到鼓励和发扬，并逐渐在班级中占优势地位，让错误的言论和行为受到批评和制止，形成"好人好事有人夸，不良现象有人抓"的风气。

执行"值日班长轮流制"。班委名额毕竟有限，不可能让每一位学生都参与进来，为了让每一位学生都能参与班级管理，班主任可以制定"值日班长轮流制"，让值日班长跟随班长和纪律委员负责管理班级纪律，督促学生遵守纪律，做好违纪现象记录。通过"值日班长轮流制"，让每个学生意识到自己是班集体中不可缺少的一员，意识到人人都应该为班集体着想，人人都应该为班集体贡献自己的力量，并鼓励和培养学生自行想办法处理一些简单的班级事务和突发事件，而不是事事依赖班主任。这样班主任不仅可以从一些琐碎的班级杂务中解脱出来，而且能够腾出手来处理和解决更重要的班级事务和难题。同时，学生们在"值日班长轮流制"活动中展示的各自独特的管理方法，也能够启发班主任的班级管理思路，拓宽班级管理渠道，可谓一举两得。

在班级管理中，班主任应尝试放手让学生自主管理，让学生通过自主管理认识到"自我"既是独立的个体，又是集体中不可或缺的一员，树立"班级需要我，我愿为班级服务"的思想和"舍我其谁"的责任心和使命感，养成自我教育意识，从而实现德育生活化、生活德育化，促进班集体健康、和谐发展。

第二节 社会实践渗透德育精神

在社会实践活动中渗透德育精神，让德育真正地落实到行为上，是初中德育的特色之一，也有利于学生更好地学习与成长。

一、基于德育要求组织实践活动

为了提高实践活动组织的实效性，教师应该针对德育实践活动组织环节中存在的问题进行分析，并制定科学的对策推动实践活动组织方式的优化。

（一）实践活动组织过程中存在的问题

1. 实践活动组织形式单一

在初中德育的教育实践之中，教师常常忽视德育实践形式的设计性。这很大程度是由于教师对德育实践认知不足所导致的，教师在实际的德育环节之中将德育内容视为一个整体教育内容，而忽视了对其教育结构下具体教育内容的区分。这种缺乏具体性的认知使得原本结构鲜明的德育成为一个模糊的整体，所以教师对实际实践活动的组织亦呈现出了一个缺乏变动的组织模式。这种单一的组织模式虽然契合德育的主题，能够在一定程度上使得学生的道德价值观念受到影响，但是却因其缺乏具体性以及针对性的指导，往往导致学生在活动中难以得到更加具体的提高，不利于其道德行为价值的有效建设。

2. 实践活动开展范围局限

在初中阶段的德育实践环节中，教师出于对学生安全问题的考虑，常常将德育实践活动的范围局限在了班级或是校园之内，使得实践活动出现了较强的范围局限性。这种局限性问题的产生主要受班级与校园环境以及实际教育条件的影响，使得部分德育观点难以切实地落实在班级与校园范围之内，由此极大地削弱了德育实践活动组织的实效性。我认为，这一局限性问题的存在极大地限制了学生对德育观点的实际实践，使得学生不具备真正实践德育观点的条件，难以提高德育实践活动的全面性与有效性。

3. 实践活动引导模式不佳

在初中阶段的德育实践之中，教师还常常忽视学生在德育实践之中的主体地位。这使得学生在实践活动中常常以被动的执行方式贯彻德育观点，这种被动的执行方式会在一定程度上引起学生的逆反心理，同时使得学生难以真正在自主的实践活动中内化德育观点。这种引导模式不佳的问题还常常延伸到教师对德育实践组织形式的改革进程之中，教师在推动学生德育实践地位变革的过程中常常难以制定合理的引导策略，导致学生在自主实践环节之中难以更加具有方向性地展开实践活动，不利于学生实践能力的良好提高。

（二）实践活动组织创新的合理策略

1. 开发德育实践主观感性模式

为了进一步优化德育的开展形式，教师应该在德育实践中对德育框架下具体的德育内容进行更具体化的研究，并结合不同的德育内容对德育实践活动的开展形式进行创新性的优化。在这一创新与优化的过程中，教师应该以引导学生的主观感性认知为具体的方向，致力于使学生能够在实践活动中产生对德育观点的感性理解，以此由感性的认知真正引起学生对德育观点的共鸣，从而内化相关观点于自身的道德价值体系之中。为此，教师可以结合具体的德育内容在教学中组织学生开展交流与讨论活动，使学生能够在开放的实践环境下发表更加主观的感知，并在主观观点的集合中真正形成对德育内容的感性认知。

例如，在初中班级的理想教育实践之中，我即以"我的理想"为题，引导班级学生在活动中畅所欲言，向班级成员讲述自己的理想。在学生的理想表达实践活动中，理想教育这一德育中的具体环节能够以更加具体的形式呈现在学生面前，并在每个学生不同的理想描述过程中逐渐地丰富，使其能够在学生的发言集合作用下形成更贴近于学生实际的理想教育体系。这种学生在交流活动中发表感想所构建的德育观点，能够使学生在结合教师更系统的总结中更加快速地理解其中的含义，从而使其能够真正在感性的理解认知中形成更加符合现代社会价值的理想与信念，真正完成理想教育观点的内化。

2. 拓展德育实践活动开展范围

在德育实践活动的组织过程中，为了使初中学生能够真正将多种德育观点落实在实践行为之中，教师还应有意识地在教学中拓展德育实践活动开展的范围。通过这种拓展的方式，能够使得初中学生真正走出班级与校园，在更广阔的实践环境中开展更多元的实践活动，从而不断在实践中优化学生对德育观点的体验。为此，教师应该始终围绕具体的德育内容，做好校外德育实践活动的组织工作，推动学生德育实践价值的强化。

例如，在临近重阳节这一中华传统节日之时，我组织班级学生走出校园，走入社区养老院，开展了重阳敬老活动。这一敬老活动的开展使得初中学生能够真正体验到校园环境内体验不到的德育价值，使其真正在养老院中将社会公益教育内容与敬老的道德价值落实在自身的行为实践之中。通过走入社区的方式，学生获得了更直观的道德价值体验空间，这不仅优化了学生对德育价值的认知，更使得学生真正积累了道德价值实践经验，为学生未来的实践活动开展奠定了良好的行为价值基础。

3. 创设德育实践情境强化体验

为了强化学生在初中德育实践环节中的主体地位，并优化教师在学生实践过程中的引导职能，教师应该通过在初中德育实践中创设德育情境的方式，使学生能够在情境中成为德育的主体，并受情境框架的影响更好地完成德育实践。为此，教师可以结合具体的德育内容开展一系列模拟实践活动，利用提供主题的方式构建实践情境，使学生能够在模拟主题的引导之下真正完成德育观点的实践，使其真正形成相对应的道德价值体系。

例如，在初中德育实践中为了使学生自身道德观念意识能够得到提高，使其能够形成更好的辨别是非的价值判断能力，我在教学中向学生提供了多个社会中真正存在的现象，让学生在课堂中开展了模拟活动，构建了模拟情境。在情境之中，学生可以通过模拟活动真实地按照教师主题的引导构建社会中的现象，以此做到对现象中的行为进行更加直接的判断。这种判断使得学生真正地应用价值判断观点完成了模拟化的实践，使学生能够更好地理解价值判断相关的内容，从而真正内化了相关观点，促成了自身德育价值体系的优化。

在初中德育实践中，只有教师真正立足教学实践，对实践环节中存在的问题进行分析，才能真正制定出符合现阶段初中学生实践能力的实践环节，为其做好实践环境的创设工作，以此促使学生切实地参与到实践环节之中，真正积累起良好的实践经验，促使学生实践能力的提升。

二、多维度推动社会实践德育

（一）借助文化学习课程，转变学生的思想观念

知识学习是德育活动的重要途径之一。进行知识信息的讲解，让学生在获得知识面延伸的同时还能够对学生的认知产生潜移默化的影响，引导其产生思想观念的转变与发展。教育改革背景下的中学教学内容提升了文化知识的比重，学生能够通过学习诗词、篇章等内容获得认知的转变。因此，在德育活动的实践中，开展文学作品阅读活动能够充分发挥文学艺术对于思想的引导作用，转变学生的认知观念，为实现德育的目的做好铺垫。

我们在开展德育活动时，首先会从课程教学的内容入手，增加传统文化在教学中的比重，以引导学生产生思想观念的转变。比如，开设经典诵读课程，根据学生的认知发展水平选择阅读的内容，让学生在诗词文章诵读的过程中获得优秀中华文化和民族精神的熏陶与感染，萌生积极的价值观念。其次对诵读的形式进行丰富扩展，开展主题读书、诵读表演和诗文集锦展评等活动，让学生在学习的过程中获得知识水平的提升以及思想认知的发展。最后联系课文内容的思想，组织学生对照自我谈心得、写体会，让学生畅谈对所学课程的认识和看法，抒发自己的感受，从而保障德育教学活动的有效开展，实现德育教学的目的。

（二）借助生活探究实践，锻炼学生的认知能力

生活化的教学活动内容能够激发起学生参与实践的兴趣，并帮助其加深理

解和认知，是教学过程中的重要环节。在德育活动中，教师设计更加生活化的活动形式和内容，能够给学生创造更多的实践机会，引导其在活动中获得认知能力与价值观念的发展。因此，在中学德育活动的设计与安排过程中，为了让学生能够得到更加高效的引导与培养，教师可以将活动内容与学生的生活实际进行结合，让学生自发进行感受与体会，从而获得实践能力和思想认知的协调发展，实现德育的目的。

为了引导学生更加积极地参与到德育活动中，保障教学活动的顺利进行，学校在开展德育活动时会将活动的内容与学生的生活实际进行紧密的结合，让学生在实践中获得更加全面的引导与锻炼。比如，在利用历史课程进行德育时，为了让学生能够在掌握历史知识的同时获得思想认知上的引导，教师可以带领学生通过参观历史博物馆和文化馆等方式，对历史事件和文物中蕴含的文化思想和精神内涵进行体会与感悟，获得深刻的价值认知，为实现德育效率的提升以及学生的发展创造条件。

（三）借助家校共育活动，促进学生身心发展

家庭和学校作为学生进行各种活动的主要场所，能够对学生的成长与发展产生重要影响。在德育教学过程中，为了给学生提供一个更加和谐健康的活动和学习环境，教师和家长要积极地进行联系互动，对学生的情况进行更加全面的了解与掌握，并制定有针对性的培养和引导措施，以保障德育的效率，为学生的健康成长提供支持。因此，在中学德育活动中，教师在进行活动安排时要将家庭教育的重要性进行凸显，创造亲子互动和沟通的机会进行家校共育，从而为实现教学效率的提升以及学生思想观念的发展提供保障。

学校在开展德育活动的过程中，为了对学生进行更加全面的引导与培养，使其获得身心的健康发展，会鼓励家长参与到教学活动的实践中，通过亲子之间的互动和交流加深双方之间的了解，在沟通中共同解决学生生活和学习中出

现的问题；同时还会对家长进行教育方法的引导与传授，使之能够与学生进行换位思考，对学生的心理状态及其成因产生更加深刻的认知，探寻最优的沟通和解决方法，帮助学生获得身心健康的积极发展，为实现德育活动的教学目的、促进学生的健康成长提供支持。

三、社会实践活动渗透德育精神的路径

（一）完善创新德育背景下主题活动形式

在德育主题活动中，教师要充分结合初中学生实际情况，针对学生当前阶段所发生的问题以及待预见的问题进行及时的防患方案制定，并将其同主题活动相结合，这样可以有效地放松学生的心理防备，让学生在愉悦的氛围中更深刻地理解主题活动中所要表达的观念，有效引发学生的思考和理解，提高学生自身行为和思想上的认知，由此促进在德育背景下全方位素养的提升，保障学生全身心的健康发展，达到德育主题活动开展的目的。

（二）以德育为基准，开展多样性、多元化的德育主题活动

1. 利用节日和纪念日进行主题活动的设计

通过节日和纪念日进行德育及展开主题活动，能够让学生通过参与其中的方式，明确其意义及价值所在，寻回自己所忽略的部分，进而更好地提升学生自身。如"母亲节"时，让学生在母亲节这一天开展主题活动，自由准备诗歌朗诵、歌曲、舞蹈等各类节目，以深入感悟母亲的爱是一种包容、原谅、理解、宽慰等各种情绪的集中体现。在学生融入主题活动的氛围中时，教师要趁热打铁，对母爱进行深入的剖析，"儿行千里母担忧"是母亲对孩子的关心和期盼，说明孩子在母亲心中的地位甚至比自己的生命更重要，告诫学生避免做出"母行千里儿不愁"的行为或产生此类想法。熟知爱是相互的，即便是亲人

的爱也是要有回报的、避免学生认为这种爱是必须的、理所应当的自私心理的产生，让学生明白这种爱随着母亲年龄的增长也是会有停止的一天的，让学生学会珍惜这份爱、学会孝顺，不仅仅是以学习作为回报；学会爱是相互的，是需要回应的。引导学生从生活小事的言行举止中注意规范，关爱父母、感悟中华传统美德的"孝"。

2. 结合社会现状进行德育活动设计

因我国义务教育均是封闭式管理教育，学生对外界的信息接收是相当闭塞的，学校可以通过对社会发展阶段发生的某件事拟定相关德育背景的主题活动，以此对学生起到警示和促进作用。如"家国情怀，中国风采"的爱国教育主题活动，通过对近期全球抗疫的教育短片《全球抗疫中的中国担当》的播放，向学生直观描述国家在全球抗疫中积极展开的各项重大举措；无数"逆行者"舍小家奉献大家的英雄事迹和精神，通过我国在疫情防控中的真实举措，让学生明白我国对任何一位公民都不抛弃、不放弃，发生任何事，国家都是全体公民的港湾和坚强后盾。同时向学生展示我国在疫情防控中做出的重大贡献，如向全世界普及疫情防控救治技术、向各国出口疫苗等，告诉学生我国作为大国的担当精神，在遇到灾害时国家的无私精神，进而树立学生的爱国情怀，并且能够将这种情怀付诸行动，爱家、爱校、爱国，告诫学生珍惜来之不易的安全有保障的学习环境，争取学有所成，报效祖国。

3. 结合学生实际进行德育主题活动设计

初中学生这一阶段正处于叛逆的萌芽期和发展期，这一时期学生的生理和心理都会或多或少地产生各类问题。因此，教师要结合学生实际，将所发现及预见的问题进行综合汇总，制定合理有效的解决方案，并融入德育主题活动中，达到德育主题活动的真正目的。如"遵纪守法小公民"这一主题活动，通过对法律趣味性、故事性的讲解，让学生能够更有效地吸收其内涵。这一阶段的学生由于易怒、暴躁等情绪，极易发生不良事故及后果，所以侧重点着重以防止学生打架等不良行为为基础展开相关法律的讲解，让学生能够在趣味性的法律讲解中，牢固地理解记忆，并深以为戒，避免发生此类错误，有效保障学校整体环境和氛围的和谐，让学生能够更健康、更安全地投入到学习中去。又如"心理健康小助手"这一主题活动的开展，因青春期的叛逆，学生或多或少会有心理上的问题，可以通过聘请心理医生或心理专家进行心理咨询和讲座，同学生之间建立及时、有效、无障碍的沟通，让学生更信任教师，能够敞开心扉表达内心所想。从而有效避免学生因心理问题的积压导致心理疾病的产生或心理扭曲影响性格，最终影响个人的成长。通过对学生的心理教育，及时纠正学生心理问题，保障学生身心的全面健康成长，发挥德育主题活动开展的效果，达到活动开展的目的。

第三节　学科教学融入德育理念

初中的不同学科中，都有丰富的德育教学资源，根据学科特点融入德育理念，可以达到较为理想的德育效果。

一、在数学教学中融入德育理念

教师可用探究式教学为学生提供广阔的交流空间和参与场所，激发学生的学习积极性，使学生在自主探索与合作交流的过程中学到数学知识与技能，体会到其中的快乐，借此对学生进行德育教育。

（一）数学教学融入德育的重要性与特点

德育在现代教育体系中的地位越来越突出，使得其在初中各门学科中开始了渗透与融入。就初中数学教学而言，德育的渗透十分有必要。首先，满足新课程标准。新课标对初中数学教学提出了更多、更高的要求，需要以学科特点为基础，以学生学习数学的认知规律为重要导向，强调引导学生在学习与实践中实现情感态度、思维能力、价值观等的综合化发展。其次，推动素质教育水平提升。素质教育是当代教育的重要任务，也是新课程改革的最终目标。素质教育是一种整体性、综合性的教育，以全方位培养学生文化认知、道德素养、行为品德为重点。其中道德和素质有着强烈的互通性，相应地，德育成为素质教育的基础与核心。最后，促进教学质量提升。虽然数学课程教学是以知识传授、技能培养为重点，但是在立德树人的背景下，忽视德育层面的引导和教育，只关注数学知识和技能本身，可能会对教学质量造成严重影响。譬如学生缺乏主动学习、坚持学习的信念，考试时投机取巧，课堂上不遵守纪律等，都会严重影响实际教学质量。而这些表现从某种程度上来说，都是德育不到位造成的后果。只有将数学教学与德育进行深度融合，方能有效发挥二者的互促作用，在落实德育工作的同时推动教学质量切实提升。

数学教学中的德育因素按照数学教学所蕴含德育因素的不同特征，可分为两类：显性德育因素和隐性德育因素。

数学教学中各种数学语言文字、数学符号、数学图形、科普报告、学生活动等被称为显性德育因素。如通过介绍数学家研究某一数学问题的坎坷人生，培养学生刻苦钻研、一丝不苟的科学态度。

数学教学的大多数内容主要在于反映客观事实，并不具有明显的德育色彩，但这些内容在反映客观世界的过程中，仍然会默默地使人感受到其中所隐含的德育因素，这就是隐性德育因素。新的课程标准提出：有效的数学学习活动不能单纯地依靠模仿与记忆，动手实践、自主探索与合作交流是学生学习数学的重要方式。应如何引导学生进行合作学习？美国明尼苏达大学合作学习中心约翰逊等人曾明确指出："仅仅把学生分到小组，并让他们进行合作，这本身不能保证一定就能产生合作。"小组合作学习的顺利进行需要众多因素的协调配合，才能真正达到预期的效果。除了教师的主导地位外，日常教学必须教会学生学会彼此认可，互相信任，当同伴出现错误时应帮助他们纠正；交流时，要有条理，用准确的语言表达；学会倾听别人的发言，彼此接纳和支持，有不同的意见，要等别人说完以后再进行补充或反驳，不要打断别人的发言；学会正确地评价自己和他人，敢于承认自身的不足，虚心向他人请教，乐于分享他人成功的喜悦……只有具备这些团队精神，团队意识得到加强才能让合作学习真正地有效进行。

（二）数学教学中融入德育理念的策略

1. 教学过程中融入德育

在教学过程中既要注意"明河"的作用，培养学生具体形象思维、逻辑思维、抽象思维的能力，提高解题能力；又要注意"暗河"的价值，培养学生学会尊重、谦让、倾听、团结协作和关心他人等习惯，以达到数学似人生，人生如数学的精神境界。在课堂教学中，教师要设计适合学生探究的教学情境，贴近学生的生活和原有的知识基础，在学生探索过程中要注意鼓励学生的探究行为，因势利导，及时给予学生精神和物质上的帮助。教师要以宽容的心态看待学生的"胡思乱想"，不轻易否定学生的想法，把探究活动引向深入。除此之外，情境教学也是进行德育渗透的重要途径，有利于培养学生良好的情感、态度和正确的价值观。德育情境的创设可以通过数学问题故事化、数学信息情境化和开展数学活动来进行。

2. 数学教师人格熏陶

人格，即人的品格，人的尊严，亦是人的立身之本。中学阶段，正是初中生长身体、长知识的最佳时期，也是他们理想、信念、人生观、价值观初步形成的重要时期。抓住这一黄金时期，在教学中，对学生进行德育渗透，是提高学生素养、塑造学生健全人格的重要途径之一。然而，当前仍然存在不少数学教师认为只要专业知识准备充分就可以了，说话和做事不如语文等科任老师那么严谨。其实，德育是一个说理教育的过程，更是一个言传身教、潜移默化的过程，在学校里与学生接触最多的就是教师，教师也常常是学生模仿的对象、行为的榜样，在对学生的德育中起着至关重要的作用。教育家加里宁对教师人格的重要性提出这样的论述："教师的世界观，他的品行，他的生活，他对每一现象的态度都这样或那样地影响着全体学生。"教师的形象、为人处世的原则等对学生都产生着重要的影响。教师要充分发挥榜样的力量，注意自身的言谈举止、道德品质及生活工作中的细节，力争成为学生效仿的楷模，用自己的言行激励学生、鼓舞学生。数学教师在学生眼中不仅要做教师，还要做朋友；不仅应具有渊博的知识，还需具备高尚的品德，独特的人格魅力。如教师穿着得体、整洁、大方，幽默的语调，简洁的语言，严谨的逻辑性，较强的概括性，广博的知识，高尚的道德品质等都会给学生一种美的感觉、情的陶冶，会促进学生更加努力地学习，进而促进学生高尚情操的形成。因此，可以说，数学教师既是学生数学知识的启蒙者，也是学生道德品质的渲染者。

3. 教学环节的精心设计，是对学生进行德育的主要阵地

（1）"感悟导入"培养学生良好的个性品质

在数学教学中合理地设计教学内容，创设愉快的教学情境，不仅能激发学生学习数学的兴趣，还能培养学生良好的个性品质。例如，教学"行程问题"时，让两名学生从教室两端相对而行，见面问好，此时让其他学生观察他们所走的方向，相遇后问"现在出现什么情况？他们走的路程是多少？"通过表演，让学生对同时、相向、相遇、追击几个概念有初步了解，同时对学生相遇时的基本礼仪进行教导，而后导入新课。

（2）"合作探究"培养学生团结协作的精神

在教学过程中，要采取灵活多样的教学方法潜移默化地对学生进行德育，

大胆尝试采用研究性学习、合作性学习等。小组讨论是符合学生乐于交往的心理需求的，它可使学生从多角度、多方面、多层次分析内容，完善学生的知识结构，并在讨论的过程中加强人与人之间的交流。分组合作能把一个时空有限的课堂变为人人参与、个个思考的无限空间，使学生体验到合作的愉快和好处，增强合作意识，体会团结合作精神的重要性。

如教学统计一节时，让学生利用课余时间以小组的形式调查小组内每个成员家庭每天用水的数量，然后通过计算统计出小组家庭一个星期、一个月、一年使用水的数量，再制成相应的统计图，然后引导学生思考：从制成的统计图中你们发现了什么？感受到了什么？学生在掌握有关数学知识的前提下受到了一次节约用水的教育，另外也受到了一次团结合作精神的教育。

（3）"巩固拓展"培养学生攻坚克难的意志品质

在学生解题或学习遇到困难时，教师要给予鼓励和指导，教师可以从思路或所应用的知识方面给予适当点拨，根据学生的意志品质差异，采取不同的措施。例如，对于学习自觉性差的学生，教师应多启发引导，如帮助他们制订合理的计划，常督促、鼓励他们向好学生学习、靠拢，远离干扰因素等，培养他们的自觉性，端正学习态度。对于遇到困难就放弃的坚定性差的学生，教师应鼓励他们增强克服困难的信心和勇气，克服照抄作业或不做作业的毛病等。

（4）"评价测评"培养学生"不以物喜，不以己悲"的宽阔胸襟

金无足赤，人无完人。毋庸讳言，学生的成绩就是学生情感的"晴雨表"。教师要帮助他们正确认识分数与能力的关系，正视每一次测试的成绩，找到自身的不足，促进学生的进步。只有拥有了"不以物喜，不以己悲"的宽阔胸襟，才能做到胜不骄，败不馁，学生才会取得更多更大的成功。

我班的学习委员在一次数学测验中成绩突然下滑了，成绩不如她同桌好。她为此十分郁闷，上课状态很不好。在数学课预习的时候，同桌问她一道习

题，她明明会，却说不清楚，结果下午小测验，同桌没有答上来，她一脸得意。我后来了解了她的情况，感到应该让她学会宽以待人，心胸应该宽广，同学之间不能这么做。于是我想了一个办法，在她问我学习上的难题时，我故意问她同桌怎么做，引导她反省。过后，她主动找我诚恳地承认了错误。

在初中数学教学中，渗透德育是对学生进行思想道德教育的重要方面，这是一项长期而系统的工作，需要我们长期坚持，不断研究与探索。从学生现有的生活经验和认知规律出发，结合学生实际，做到有机地自然渗透，切忌生搬硬套，抓住教育时机，找准切入点，使知识传授与德育内容和谐统一。

二、在语文教学中融入德育理念

（一）语文教学融入德育的认知

1. 语文教育和德育之间的关系

语文教育和德育之间的关系，简单来说其实就像肥沃泥土中的沙土与水的关系，它们你中有我我中有你，不能分离。语文课程标准明确指出，语文教学要进行思想教育，要依据语文学科的特点，在语文训练中着重于进行思想感情的陶冶、道德品质的培养，使学生提高社会主义觉悟，初步具有辨别是非和善恶美丑的能力。可见，语文教学一定要渗透思想品德教育方能达到教书育人的目的。我在从事初中语文教学工作实践中，将德育与语文教学有机地融为一体，进行了大胆的尝试和探索。

2. 初中语文教学中德育开展的重要性

学生是课堂教学的主体，是学校教学的核心，教师可以通过德育战略，有效地促进学生良好思想的形成。德育使学生能够更积极地学习，促进学生的未来学习和教育。以学生和学习为导向，让学生自己感受到课文中的思想，帮助学生提高学习效率，为学生提供有效的教育。

3. 初中语文教学中德育的具体现状分析

在初中语文教学中推行德育战略，可以有效地教育学生的思想和道德，使他们能够用不同的文章学习，培养他们的语文理解阅读能力，促进他们在道德、智慧和文化领域的全面发展。初中语文教学方面仍然存在问题，已经影响到小学语文教学的效率，妨碍了语文教学的实施，因此，德育战略需要改进和发展。

（1）课堂教学方式过于陈旧

在初中阶段，教师是教育策略的决策者和行动者，对初中生的德育起着重要的作用。然而，德育教学方法有很多种。一些受传统教学思想影响的教师，在课堂上强调知识的传授，教育学生，而学生只能被动学习和理解。学生的学习主动性被老师压缩，不能有效地发挥自己的作用，教师和学生之间没有有效的互动，德育不能有效地进行，阻碍了初中学生道德教育的培养。这就使得德育不能有效地进行，同时阻碍了对学生的德育培养。

（2）学生对德育不够积极

在现代语文教学中，许多学生没有足够的教育动机。实际上，学生们习惯于被教授传统语文知识，强调学习知识。语文教师受到传统教育的影响，只是把精力放到班级学生在语文课上的学习成绩上去，并没有积极参与教学战略的创新，以提高学生的学习成绩。导致学生认为，德育对他们今后的学习没有明显的影响，不愿意学习。教师不愿意融合，这使得语文教育与德育融合无效。

（二）初中语文教学中融入德育理念的策略

1. 加强教师的重视，明确课堂教学目标

在初中教育中，课堂教学是一种重要的道德教育手段，也是教师向学生提供高质量教育的有效手段，而教师则是课堂教学的主要导师，对道德教育具有重大影响。只有教师认识到道德教育对学生发展的重要性，才能积极努力改革教学战略。通过有效的语文教学，教育学生，提高他们的道德水平，同时增加他们的语文知识。

2. 丰富教学模式，提高课堂教学效率

在初中教育的语文教学中，有效实施道德教育战略要求教师积极努力丰富课堂教学模式，引导学生接受德育。提高教学效率，促进教育的有效发展。在语文教学中融入德育，教师必须积极改革课堂教学，改变传统的教学模式，更加重视学生自主学习，引导学生进行有效的思考活动，并促进教育的发展。语文德育框架下的教师应积极努力在教学中引进创新的教学模式和教学方法，同时考虑到学生的学习和心理特征，有效地利用语文知识指导学生，主动上课或组织教学活动，指导学生发展正确思想的教学活动，从而实现语文教学的目标。

例如，在学习人教版初中语文《马说》时，教师可以通过将学生集中起来，在对学生实际情况的分析中对学生进行集体培训，使每一组学生都能学习课文，并分析作者韩愈在课文中表达的中心思想。学生们自己的观点作为我们社会生活实践学习的一部分，不同群体相互辩论，从而建立一个有效的课堂教学模式，提高课堂教学效率，促进有效的德育。

3. 以学生为中心，激发学生的学习兴趣

学生是课堂教学的主人。教育工作者在执行课堂教学战略时需要学生积极参与，以取得所需的教育成果。要有效实施德育，就必须强调以学生为中心的教学，兼顾学生的差异，对不同的学生采用不同的教学方法，引导学生接受德育，并改善学生的思想道德水平。在语文知识的学习框架下，语文教师可以通过与课堂上的学生建立积极的关系，创造教学环境，引导学生学习语文、热爱语文、感受语文，制定德育的发展战略。

例如，在学习人教版初中语文《黄河颂》时，教师可以利用多媒体技术进行教学，动情地朗诵诗歌，然后利用多媒体技术帮助学生以唱诗的形式阅读，引导学生进行课堂实践，让学生体验诗歌的意境，培养学生的民族自豪感。同时还需要寻找一些民国时期的视频资料，让学生们感知人文的历史，感知中华民族的伟大，做好德育工作，培养学生浓厚的民族自豪感。

4. 加强课外活动，提升学生的道德情操

教师不仅要将德育渗透到语文的课堂教学中，还要渗透到教室外的活动中，更要渗透到初中语文的教学中，加以提升学生的德育水平。为了丰富学生的社会阅历和提高他们的道德水平，社会生活是一个道德教育课堂，比课堂上的教育更有效果。为此，教师必须有针对性地将课本知识和日常生活纳入课堂教学中。考虑到课堂教学中的实际条件，将语文教学与道德教育结合起来，同时考虑到初中学生的情感和好奇心可以将道德教育纳入各种生活活动中，鼓励学生感受生活并对他们进行无形教育。

例如，在教学《纪念白求恩》内容时，教师要培养学生正确的价值观和情感态度，让学生感受到白求恩"毫不利己、专门利人"的奉献精神和乐于为人造福的高尚品质。教师可以要求学生们课后写下自己的感受，如无私奉献社会、国际主义等方面的理解，通过此种方式检测学生学习的情况，既提升了语文水平，又陶冶了道德情操。

三、在道德与法治教学中融入德育理念

初中道德与法治德育渗透策略是教育的重要组成部分。伴随着时代的进步，每个人的思想也受到了潜移默化的影响。对学生进行德育是时代发展、民族复兴的需要，更是学生个人全面发展的需要，作为初中道德与法治教师，要以教育和引导学生为己任，依据新课程标准中提出的要求，对学生进行人格的培养、情操的陶冶、品行的磨砺、科学精神的培养，也是摆在初中道德与法治教师面前一个新的课题。

（一）初中道德与法治的德育价值

初中道德与法治是基础教育阶段的德育主阵地，是加快教学目标落实的重要载体，其教育价值不言而喻。具体而言，主要集中于以下两方面：

第一，落实教育目标。在推崇全人教育的现如今，课堂教学应围绕学生的身心全面发展而展开，以现代化的教育理念以及多元化的教学方式，打造全方位、多维度的德育课堂，在学生思想品质引导及法治观念培养方面具有明显的优势。高效的初中道德与法治课堂有利于加快立德树人根本教育任务的有效落实，也是推动教育转型的有力助推剂，能够促进教育改革产生实质性的飞跃。

第二，促进学生社会主义核心价值观的形成与发展。在日益浮躁的社会大环境影响之下，形形色色的不良诱惑增多，对初中学生薄弱的价值观念造成侵袭，滋生了崇洋媚外、虚荣攀比、撒谎失信等心理健康问题，对社会主义主流思想造成冲击。在此背景下，初中道德与法治通过严谨的理论知识、鲜活的生活实际案例，向学生传递正确的社会主义价值观念，促使学生能够以辩证的态度审视各类社会现象，建立积极正向的价值观念，在学习与生活中明辨是非，自我约束。

（二）道德与法治教学融入德育理念的策略

1. 构建教学情境，丰富情感体验

德育隶属于心理认知引导范畴，不能单纯地以具体的知识进行量化，同样也不能以理论知识作为传递的媒介，应是通过对学生心灵的触动，引发学生的反思。因此，初中道德与法治教学应转变说教式的教学方式，立足初中学生思维认知特点，打造感官体验课堂，而情境教学不失为渗透道德观念行之有效的教学方式。教师通过构建契合的教学情境，丰富学生的课堂情感体验，以

促进知识的内化。以"生命的思考"教学为例，此章节知识抽象性较强，同时学生对于生命意义以及生命接续的认知尚停留于表层阶段，成为教学难点。基于此，教师可以通过较为典型的人物事迹构建教学情境，让学生更为直观地理解生命是怎样实现延续的。如以学生较为熟知的雷锋、钱学森等名人志士的光荣事迹作为情景材料背景。教师给出一段关于人物生平事迹的文字描述以及相关图片，让学生猜他们是谁，思考为什么能够被我们所熟知，进而让学生理解生命的延续并不是个体寿命的延长，而是精神的传承，引发学生对于自己生命定位的思考，了解所肩负的文明传承责任，以生动且形象的情境加快知识的内化，让优良品德烙刻于心灵。

2. 融合生活案例，增强思想认知

道德知识是在社会生活实践过程中衍生的理性认知，课堂教学活动也应回归生活本质，生活即教育理论为课堂组织构建提供了更为灵活多元的思路。教师在教学实践过程中应以学生所熟知的生活实际案例为载体，加强德育的渗透，以强化学生的思想认知，激发感同身受，达到知识来源于生活且作用于生活的教学目的。以"法律在我们身边"教学为例，尽管日趋完善的法治在社会生活中落地生根，但是由于初中学生法律知识与法律观念淡薄，并不能够将法律知识从日常生活现象中剥离出来，认为法律遥不可及，这也成为学生道德与法治学习过程中的首要阻碍。基于此，教师可以围绕生活实际案例组织教学活动，引发学生的交流与探讨。首先，教师从社会时事热点着手，选择与学生息息相关且较为典型的生活案例，作为交流探讨的对象。如儿童遭受家庭暴力、销售伪劣产品、偷盗行为等，从而唤醒学生的生活经验，对知识探究形成有力加持。其次，教师以小组为单位组织学生展开合作探究，对案例中人物的观念与行为进行逐一剖析并作出客观评判。在此基础上，由感性认知上升至法律层面，探讨案例中所传递的法律知识。由就事论事拓展至以法明理，深刻地理解法律对于我们日常生活以及社会发展的影响，促进法治观念的形成。

将生活中的热点话题或社会问题引入到课堂活动之中，开展生活化的讨论活动，有助于提高学生对生活现象的认知能力，保持学生正确的价值导向，引导学生展开自主探究活动，从而巩固学生的学习基础。因此，在道德与法治生活化教学中，教师可以将生活问题或热点话题加入其中，组织学生对其进行生活化讨论，这样不仅能提高学生对课堂知识的理解效果，还能锻炼学生跨学科的思维能力，进而实现学生综合性品质和关键能力的发展要求。如在"建设法治中国"的教学中，考虑到学生已基本体会到法治在社会生活中的具体作用，认同法治价值观，为了使学生进一步加深法治的意义，我结合生活中的热点话题或社会现象，如"高铁霸座""农贸市场随意摆摊""景区周边随意停放车辆"等问题，引导学生结合自身所学，展开讨论，以此来提高学生的行为品质，塑造良好的法治观念。

3. 组织实践活动，落实知行合一

初中道德与法治教学的最终目标是增强学生的品质素养，约束学生的日常行为，实现知行合一。因此，教师要打破纸上谈兵的传统教学方式，组织丰富的社会实践活动，让学生脱离学校的象牙塔，走入社会体验生活，理解书本知识对于现实生活的指导意义，促使学生将理论知识认知转化为自身人格修养与价值观念。以"遵守社会规则"教学为例，教师可以组织学生参加一系列社会公益活动，如秩序维护志愿者、法律宣传公益活动以及社区卫生清洁维护等，为学生创造近距离接触社会、感知生活的机会，既可以增强德育的趣味性，又能够提供难得的社会锻炼机会。在此过程中，引导学生认真地观察生活，体会生活的美好，了解生活中的不良现象，鼓励勇于与违反规则、扰乱社会秩序的行为作斗争，为构建和谐社会、幸福家园贡献微薄之力。此外，教师可以设置社会实践反思课，让学生对社会实践过程中的所见、所知及所感进行总结与归纳，思考如何运用知识改善社会生活中的不良现象，尝试制订切实可行的维护公共秩序的方案，真正实现知识的内化于心、外化于行。

4. 坚持以身作则，发挥带头模范作用

学生是教师的一面"镜子"，教师日常授课中的用语及行为习惯都会反映在学生身上，并潜移默化地影响学生的思想及行为。从这一层面来看，教师本身便是道德与法治教学中渗透德育的关键点，其一言一行都具有极强的引导与示范作用，再加上初中生有着较强的向师性，他们会不自觉地模仿教师的语言及行为等。为此，教师在教学中要坚持以身作则，注重道德自律、道德自省，以发挥模范带头作用。在日常的学习生活中，学生在很大程度上受到了教师的影响，教师带给学生的示范作用是不可忽视的。因此，在对学生进行德育之前必须要严格要求自己，用正确的思想价值观念给学生树立一个良好的道德榜样，让学生在日常学习生活中能够耳濡目染地受到正确价值观念的熏陶和引导。同时这种方法能够树立教师在学生群体中的威信，更加便于教师开展德育课堂教学，为德育渗透于初中道德法治教学夯实基础。

以人教版初中道德与法治七年级上册"走近教师"一课教学为例，在帮助学生了解教师职业、不同教学风格后，我组织了"我眼中的好老师形象"匿名投票活动，让学生在纸条上写下自己认为教师应当具备的道德素养，如一视同仁、尊重并爱护学生、鼓励并支持学生、能够帮助学生，等等。唱票时，一名学生随机拿出纸条，另一名学生则在黑板上记录纸条信息，并合并同类信息。随后，我反思自己教学中的不足，指出自己在对应标准上需要改进的地方，如降低讲课音量、多与学生沟通等。最后，我顺势请学生说一说自己需要改进的地方，由此促使师生的道德品质获得共同提升。

5. 尊重学生人格，凸显主体地位

初中生普遍存在道德追求高尚但实践力薄弱、道德判断标准明晰但自我评估意识淡薄、道德认知较为深入但良好行为习惯尚待培养的问题。换言之，初中生在道德行为方面呈现出较大的波动性，在无教师及家长监督，或受到不良思潮、非理性信息影响下，容易出现错误的行为选择。对此，初中道德与法治教师应将学生视作具有独立人格、时刻处于发展中的独立个体，为他们提供足够多的实践机会，使其在具体情境中获取道德评价的尺度，反思自身道德行为的动因，最终养成良好的道德行为习惯。在现代的教学活动中，无论是教学理念还是教学方法，在教学的过程中都开始重视学生的主体地位，在初中阶段的道德与法治教学中也是如此。初中阶段学生由幼稚向成熟转变，在思想上也渐渐有了自己的想法，在教学的过程中，只有重视和体现学生的主体地位，才能够使道德与法治教学更好地开展。所以，初中道德与法治教师在教学的过程中要重视教学方式的创新，通过对教学内容的深刻把握，灵活地利用教学方式对学生进行教学，使得教学方式能够很好地符合初中阶段学生的心理特点，在尊重学生主体地位的同时提高教学的效率。

以人教版初中道德与法治七年级上册"活出生命的精彩"一课教学为例，我开展了以"'小人物'是否有大情怀"为主题的辩论活动。首先，我列举了历史上的"大人物"，如春秋五霸之一——秦穆公；大名鼎鼎的战国刺客——荆轲；开创大汉王朝的皇帝——刘邦等。其次，引导学生以历史人物或当代人物为例，谈一谈"小人物"是否具备高度的民族精神、国家信仰与理想信念。学生在辩论中不断整理头脑中存储的信息，以真实的人物及其事迹支撑自己的观点。如一名学生指出，"每一座摩天大楼的建设都凝聚了农民工们辛勤的汗水"。也有学生指出，"面对危机时，每一个遵守规则的中华儿女都是最平凡的英雄"。从学生的回答中可以看出，他们领悟了生命的真谛，理解了何为平凡与伟大，并在心中埋下了甘于奉献、争做"螺丝钉"的精神之种。这种将道德行为探究的主动权交给学生的教学方法，便是对学生人格的最大尊重，学生在认知—反思—重构—确定中逐渐凝练道德素养，并受益终身。

6. 加强情感引导，激发道德情感

道德情感是初中生道德品质形成的先决条件，也是学生遵守社会公序良俗、社会原则与法律的精神动力。在初中道德与法治教学中，教师应善于运用富有感染力的语言，以真实且感人肺腑的案例激发学生的道德情感，使其感受到道德的力量。

以人教版初中道德与法治八年级下册第四单元"崇尚法治精神"中的"自由平等的真谛"教学为例，教师可借助多媒体，呈现一所乡村学校中学生认真听课的情景。由此，学生就能深刻体验到，全国各地的学生都平等享有受教育权。这样，教师不仅引领学生走进了法治世界，还使他们倍加珍惜当前来之不易的美好生活与舒适的学习环境，从而有效培养了学生感恩国家的美好品质与精神。

7. 融入德育理念，塑造担当精神

勇于担当，遇事不慌。在日常的教育和交流过程中，我们的老师一定要教育学生们养成勇于担当的性格。在道德与法治的教育中，尤其是德育中，老师一定要注重对勇于担当这个品格的培养。老师们可以充分利用古今中外的突出事例教育学生们勇于担当的重要性，引导学生们从小就形成勇于担当的品格和意识。学校教育的终极目的是让学生们从一个懵懂少年变成一个对社会有用的人。因此，这个过程中的德育是必不可少的。老师们如果能切实利用现有手段和条件，利用展板、PPT、黑板报等传统和现代手段对学生们进行道德与法治教育，就可以促进学生们的求知心理和意识，使他们主动提高道德水平。不同学科的老师一定要结合自身学科的规律和特点，采用灵活多样的方式和方法对学生进行思想道德教育，一定要摒弃之前那种填鸭式满堂灌的风格，改变只教概念，不重实践的痼疾。

8. 鼓励小组学习，提高教学质量

为了更好地增强初中道德与法治课堂教学的有效性，教师在实际教学过程中，还应当积极鼓励和引导学生自主地参与到课堂教学中去，不断增强课堂教学的质量和效率。与此同时，还应当循序渐进，科学合理地引导学生展开自主、独立的思考。教师在实际教学过程中，应当积极寻找优质的教学方法和措施，以便更好地帮助和引导学生准确、深刻地理解和掌握相关道德与法治知识和内容，且有效地把相关知识正确地运用到日常生活中去，从而能够真切体会到学习道德与法治的重要意义和乐趣。

初中是学生提升自身学习水平的关键阶段，在开展初中道德与法治的教学时，教师也应该注意到这一点，通过选择合适的教学策略帮助学生实现这一目标。为此，教师在开展课堂教学时，可以在班级内让学生们进行小组合作学习，一来丰富学生们的学习情境，打破学生独自学习的状态；二来在与其他同学的交流互动中让学生对知识进行多角度的思考，从而对学习的内容理解得更加深刻等。通过这种小组合作的方式，可以很好地改善学生的学习能力，帮助学生掌握好的学习方法。

四、在物理教学中融入德育理念

（一）当前初中物理教学中德育的现状

现在很多的物理教师对于物理知识的传授是非常重视的，在教学过程中，通过实验以及理论讲解等各种形式，让学生掌握物理知识，虽然这有助于学生物理成绩的提高，但是对于德育工作来讲是没有任何渗透的。学生在物理课上仅仅是收获了物理知识，并没有从任何一个方面体现出德育的重要性，这让学生丢失了一个非常重要的德育学习机会。因此，作为教师，必须要改变自己的授课方式，在物理知识讲解的过程中渗透德育内容，让学生能够在潜移默化中提升自己的知识水平和德育水平，让自己的品德可以有正确的思想指导。

（二）物理教学中融入德育理念的策略

1. 把物理知识与德育内容相结合，培养学生的辩证唯物观念

物理其实所体现的不仅仅是知识，物理的所有知识点中都体现出了辩证唯物主义，这是学生在生活中使用非常多的一种辩证方法，所以教师要能够在物理教学过程中，让学生树立正确的观念，能够在出现问题的时候采取对立统一的方法来进行分析，这样可以让学生更加客观、公正地看待问题。让学生在物理学习的过程中学到物理理论，同时学好辩证唯物主义观念，对于学生自主思考有重要意义。比如说教师在平时物理知识讲解的过程中，要注重对学生思维能力的培养，让学生主动思考，培养自主学习能力，这能让学生取得更大的进步。例如，在学习作用力和反作用力这部分内容的时候，可以邀请学生与之互动，让学生对着教师的手心打一下，教师会感觉到疼痛，同时学生也会感觉到疼痛，这就是一个对立统一的很好体现，使学生可以学习到作用力和反作用力，同时还可以了解辩证唯物主义观念，对解决问题有更大的帮助。从物理学的起源和产生就可以看出，其自身的知识和体系原本都是属于哲学范畴的，只是在近代的发展中才逐渐显露出了更加明显的独立性特点，然后便与哲学逐渐分离，所以物理学本身就带有较为明显的唯物辩证色彩。对此，教师也应当在课堂实践的过程中，引导学生树立辩证的思想和意识，懂得运用辩证唯物主义的观点去学习知识、解决问题，初步形成用运动和变化的眼光去分析问题的思维模式，从多个角度出发去探究物理界的奥妙，为后续科学世界观的养成奠定坚实的思想基础，这也是德育中辩证唯物主义发展的基本所在。

再加上，世界本身就是物质的，而物质存在的形式又具有十分明显的多样性特点，辩证唯物主义哲学始终把物质当作第一性的内容，把意识当作第二性的内容，并且不以人的意志为转移，也独立于人的意识之外，所以这也是学习物理知识的基本指导。例如，在学习热运动的过程中，教师就可以让学生运用

哲学中的运动观点，坚持运动是绝对的，而静止是相对的，物体运动和静止的判断在一定程度上要依赖参照系，但一些微观运动却不一定会受到参照系的制约，热运动就是一个较为明显的例子。

除此之外，马克思主义辩证法的基本观点也与物理知识息息相关，其中，否定之否定就是较为鲜明的例证。例如，在学习有关光的知识时，粒子说和波光说一开始始终处于对立的两面，但经过科学家的不断验证和实践，这两者也实现了最终的结合与统一，这就是否定之否定的基本内涵。并且，物理实践是验证物理规律和物理原则的唯一标准，这也与实践是检验真理的唯一标准不谋而合。

2. 借助物理实验，培养学生的学科精神

在物理学习过程中，除了一系列的理论之外，最重要的还是物理实验，能够让学生在实践活动中，把理论知识转化为具体的应用，提升学生的动手能力，这样可以促进学生的学习。而在具体的实验过程中，学生可能会遇到一些挫折与困难，教师在对学生进行指导的时候，除了知识的传输之外，还应该让学生有面对失败的勇气，能够刻苦钻研，这也是德育非常重要的一部分内容。让学生能够养成更好的品德，学会钻研的学科精神，这样有助于物理知识的提升，也有助于自身德育的培养。教师在组织物理实验的时候，为了能够让学生对于物理实验有更好的理解，不要直接为学生展示实验的操作方法，而是应该让学生进行自主研究，通过自己动手或者通过小组合作的形式来探索实验如何进行，这样学生的动手能力才能提升。虽然说在探索的过程中可能会经历失败，但是在教师的不断鼓励之下，学生会慢慢地找到正确的方式，获得更大的成就感，这对于物理学习来讲会有很大的动力，也能够在鼓励学生养成自主探究精神的同时进行德育内容的渗透，促进学生学科核心素养和道德水平的提升。

实验是培养学生具有较强科学态度的重要前提和基础。通过对于教师演示实验的观察和思考，能够培养学生细心观察的素质，通过实际的操作和实验，能够更好地培养学生从对实验的猜想到实验总结的操作能力，不仅能提升学生的操作能力，还能培养学生的合作探究能力。因此，在实际的实验教学当中，教师应该融合物理实验内容，将学习的方法渗透其中，更好地培养学生的科学态度。

例如，在"熔化与凝固"的教学过程中，教师提出了探究性问题：

（1）材料熔化和凝固的条件是什么？

（2）观察实验中固体的熔化过程，你们有什么新发现？

通过对这两个问题的思考，教师可以正确地指导学生开展实验，并且向学生提出具有较强针对性的问题，促进学生进行思考。通过这样的方式能够将学生学习的主观能动性充分地发挥出来，进而在实际的实验当中更好地发展学生对于科学的良好态度。在实际的教学当中，教师应该引导学生尊重实事求是的原则，逐步在物理实验中渗透"实践是检验真理的唯一标准"的思想。例如，伽利略以将物理实验引入物理学研究而闻名，极大地促进了物理学的发展。同时，教师的示范实验能够培养学生的观察能力，学生的实验有助于培养学生的动手操作能力，小组实验有利于培养学生与他人的合作精神等。通过以上方法，学生的学习态度更加积极，鼓励他们积极思考，逐步形成科学的探究方法。

3. 丰富教学内容，理论联系实际

物理知识其实大多数源自生活，并且最终是要应用到生活中去的，所以教师在教学过程中可以更多地与实践相互联系，为学生渗透理论联系实际这种理念，让学生养成科学意识，并且在物理学习过程中创新理念，这样可以实现更好的突破。在物理教学中，教师可以采取不同形式的物理学习活动。比如，让学生进行物理小发明，或者为学生制定某一个主题，让学生进行手抄报比赛，等等，这些活动形式是一种新的尝试，对于学生来讲，可以更好地学习物理知识，同时还可以丰富教学内容，让学生可以更好地将物理知识应用到实践中去，有助于学生提升应用能力。

4. 物理德育中的爱国主义教育

爱国主义的发展具有十分明显的社会历史性特点，它是一种政治思想层面的意识，在不同的历史发展阶段会展现出不同的特点，就中国特色社会主义发展来讲，爱国主义主要指的就是热爱国家，热爱国家的大好河山，热爱民族，热爱人民。但同时，教师也应当在爱国主义教育的过程中，引导学生用实事求是的辩证态度去看待西方的物理成就，汲取其精华部分，排除其糟粕部分。并且，教师还需要为学生介绍我国古代的物理学成就，并指出这些成就给世界文明带来的贡献和意义，并对我国一些现代科技进行讲述，让学生明确我国在许多重要领域已经接近了世界先进水平，甚至已经处于世界领先地位，这样可以提升他们的自豪感和自信心。

另外，教师还要引导学生观察中西方科技发展之间的差距，分析我国近代物理学发展缓慢的主要原因，这样可以提高学生的历史责任感。而且，教师还需要让学生了解新中国成立之后，爱国的物理学家为了祖国的繁荣昌盛，参加社会主义建设的光辉事迹，让学生将热爱祖国的思想体现到自己的学习行动上，追求物理的规律和真理。

最后，教师可以把改革开放以来社会主义现代化建设所取得的物理学成就给学生展示出来，让学生意识到社会主义道路的正确性和优越性，坚定他们发展中国特色社会主义的信念，让学生能够树立远大的社会主义理想，利用自己的学识，为祖国的物理事业作出贡献。

5. 物理德育中的心理素质教育

心理素质涉及一个人的品德和个性，这也是影响学生学习态度和人格的重要基础，其自身具有明显的非智力特点，所以也可以体现出学生成长的阅历和经验。一个学生只有具备了良好的心理素质，拥有了良好的品德和个性，才能正确对待学习任务，才会有恒心、有信念去落实各种学习实践。在教育的过程中，首先，教师要引导学生树立实事求是的科学态度，结合物理教学的重点和物理学家的事迹，让学生懂得物理学家一丝不苟的工作态度，不迷信权威的独立精神，敢于向权威提出批判和质疑，并引导学生相信科学，按照科学规律去实施客观行为，提高自己学习的严谨性。其次，教师还要引导学生树立合作研究的习惯，尽管物理的研究成果大多都是以个人为主的，但具体的研究过程也需要多个群体的参与，才能真正总结出一定的规律，所以学生也必须要认识到自己是集体的一分子，要懂得与人为善，从同学身上汲取有用的经验和教训，建立平等交流的合作关系。再次，教师要让学生提高自身的社会责任感和使命感，物理学科的发展，给人们的生产生活带来了巨大的变革，但在具体应用的过程中也会产生许多不良影响，包括各种噪声污染和电磁污染等，这些都会给社会环境的发展带来严重的破坏，所以，教师也要让学生了解物理可能产生的污染并讲述物理污染的危害性，提高学生保护环境的意识。最后，教师需要让学生提高对科学的兴趣和好感，物理学的发展经历了多个世纪的磨砺和考验，这个中的艰苦和曲折是常人难以想象的，但也正是在一代又一代物理学家们的辛勤探索下，才能真正确定科学和伪科学之间的界限，才能真正取得封建迷信斗争的胜利。尽管物理学中已经蕴含了丰富的德育内容，但这些知识也需要教师带领学生继续去探索和研究，让学生的发展顺应社会潮流。

开展一堂高效的物理实验课，不仅能够激发学生对于学习的积极性，巩固提升学生的探究能力、实验能力和观察能力，还能够更好地培养学生较为严谨的科学态度。学生在经历了实验过程后，理解了科学研究的客观性和真实性，形成了扎实严谨、实事求是的科学态度，从而在今后的学习和工作中表现出认真、扎实、严谨的作风。

例如，在"流体压强与流速的关系"一节教学中，"流速高，压力低"规律的构建过程是渗透学科德育的良好契机。在用吸管吹两个乒乓球之间的空气之前，老师可以让学生猜猜乒乓球会发生什么，然后学生观察到"两个乒乓球都向中间靠近"。学生在实际的学习当中可能会产生一种认知上的冲突，因此，教师应该正确地引导学生针对知识内容进行有效的推理。然后引导学生思考"流动液体"是否有相似的规律，指导学生设计实验，选择水槽箱、船等设备，再进行实验，分析论证，仍然得出相同的结论。最后，教师利用流体压力与流速关系演示器，通过"流速大的位置所支撑的水柱短"的实验现象，进一步验证了所得定律的正确性。在这个过程中，学生经历了许多相关实验的设计、操作、分析和推理过程，他们的物理观察能力、物理思维能力和探究实验能力得到了提高；同时在实验中发现错误就及时纠正，做到有错就改，不断进行反思，养成谦逊、刻苦、认真的心理品质，通过实验操作以及探究学习的开展能够培养学生积极进取、敢于创新的优秀品质。

6. 物理教学中渗透德育，培养良好逻辑思维

在实际的物理实验过程当中，学生经常会出现一种粗心、计算不够精确、实验现象比较异常等情况，这样就会导致物理实验的失败。当许多学生看到实验失败时，他们会失去信心，放弃他们的想法，不想再试一次。因此，作为教师，应该正确地引导和教育学生，进而能够使学生具有较强较严密的思维逻辑，这些对于帮助学生树立正确的科学价值观是非常重要的。

例如，在开展"探究水果电池"相关实验活动的过程当中，教师可以将学生分成几个学习实验小组，在实验过程中，一些小组因操作问题而失败，从而失去信心。因此，教师应该帮助并且鼓励学生进行再次实验操作，最终获得成功。通过这样物理实验的开展，能够更好地培养学生敢于挑战、不屈不挠的科学探索精神。因此，在实际的物理实验教学当中，教师应该鼓励学生进行大胆的探索、积极的思考。重视所有学生的共同发展，激励学生针对自己的想法进行积极的表达，同时，还应该帮助学生针对实验的方案进行多样、灵活的设计。通过这样的方式不仅能够激发学生进行科学探究的欲望和兴趣，还能够培

养学生的逻辑思维。

五、在体育教学中融入德育理念

中学阶段是学生成长的关键期，初中德育培养学生遵守纪律、热爱集体、朝气蓬勃、勇敢顽强、艰苦奋斗等精神尤为重要。初中体育教学主要以提高学生运动知识与技能、身体素质和培养学生的道德情感为目标。目前，初中体育教学紧紧围绕提高身体素质和技能的方向发展，道德情感这一方面重视不够。要想通过体育教学培养学生的道德情感，就要将德育渗透到体育课堂教学中。

（一）探索初中体育与德育融合的意义与价值

目前，国家对学生体育与德育融合的养成越来越重视，要求在学科教学中渗透德育，以促进学生素养的养成，特别强调在体育教学中渗透德育的重要性，当前初中体育教学渗透此种意识是新课程改革的重要举措。因此，本篇文章聚焦初中学生这一群体，在体育教学的实践环节中将初中体育与德育融合，这样就能够帮助学生明确自己在体育学习中的阶段性目标，从而在自己遇到问题的时候，能够以最短的时间解决自己面临的问题。体育与德育融合是指个人对于健康信息的接受程度，并将这些信息应用于自身的健康防护的过程之中。具体设计的指标包括三点，分别为基本知识和理念、健康生活方式与行为、基本技能。

初中体育与德育融合培养在通俗意义上可以概括为学生的体育与德育，是使接受该种教育的人群具备优秀的体育与德育，那么，立足初中体育与德育融合培养的概念，我们能够认识到此项教育可以帮助学生们建立危机意识，在遇到困难与问题的时候，学生们能够从容不迫地解决问题。

德育的主要目的是培育学生的良好道德品质和正确的价值观念，这不仅对学生的学习生活有显著影响，也对其今后的社会行为有巨大影响，所以必须要将德育贯穿学生教育始终。在现阶段的农村教育实践中，虽然思政教育发挥了德育的目的，但是因为思政课程本身的特点和授课方式的单一，学生德育的效果并不理想。基于此，各个学校均在积极地寻找德育问题的突破口。课程思政理念的不断传播使农村学校看到了其他课程与德育融合的价值，因此出现了在其他课程教育实践中渗透和融合德育的情况。

在体育教育实践中渗透德育，其价值主要表现在两个方面：

第一，改变了德育的固有形式，使得德育的具体表现更加多元化。在传统教育中，德育大都实施"说教"，因为初中生正处在青春期，有比较强的叛逆心理，所以老师的说教会使其"不耐烦"，如此一来，频繁的教育反而会适得其反。体育课的主要开展形式为户外活动，将德育的内容渗透到体育运动中，通过运动感悟和总结来实现对学生的引导，德育的效果反而更好。

第二，加强了德育的有效性。在体育活动中，老师和学生构建起了比较好的师生关系，在此基础上，老师的提醒、引导等均会引起学生重视，这样一来，老师所阐述的德育相关内容就会发挥很好的教化作用。

（二）体育教学中融入德育理念的策略

1. 坚持因材施教

在传统的初中体育课堂教学活动中，之所以会出现德育渗透实效不佳的问题，主要原因有两个：一方面，教学内容与学生实情相脱节，导致学生对教学内容兴趣不大，致使德育内容的渗透无从谈起；另一方面，体育教师对体育能力强的学生关注更多，导致教学活动两极分化，体育能力薄弱的学生学不会，极易产生自卑心理。所以，初中体育教师需要面向全体学生，坚持因材施教，有效渗透德育。比如，在跳高教学活动中，教师应向学生强调跳高需要借助助跑冲刺的力量，在合适的时间点快速单脚起跳，越过横杆之后安全着地。部分学生在听到这些动作要求之后会产生一定的畏难心理，觉得自己肯定无法完成，所以很多学生直接放弃训练，严重影响了跳高教学质量。在这一教学活动中，教师一方面要结合学生在跳高中表现的不足之处总结原因，更加详细地为学生讲解跳高技巧与安全防护措施；另一方面要多鼓励学生挑战自我、战胜恐惧，培养学生敢于挑战的精神，对德育内容进行有效渗透。

2. 在教学评价中巧妙渗透德育

初中体育课堂教学活动是一个师生互动的过程，在这一过程中唯有充分发挥教师与学生的主观能动性，才能保证课堂教学质量与效率。从课堂教学活动的实际情况来看，学生的细微动作与思想变化均能反映出学生的真切感受，因此，教师一定要在教学活动中密切关注学生的行为及思想变化，充分把握学生学习情况，之后再合理调整德育方式与角度，在教学评价中巧妙渗透德育，及时有效地指正学生的错误思想及行为，助推学生全面发展。在初中体育课堂教学活动中，学生对待体育教学项目的态度有很大差异，部分学生对体育运动非常感兴趣，有着强烈的好奇心，非常愿意参加体育锻炼，甚至会尝试着探究全新的方法；也有部分学生对体育活动不感兴趣，对教师安排的体育训练项目不闻不问。比如，在教学篮球单手上篮的活动中，教师要对不怕失败、积极挑战的学生给予肯定评价，在动作成功时及时表扬。以此教学评价给不感兴趣、失败次数多的学生营造良好的挑战环境，使学生明白即便失败也不丢人，只要坚持一定能够成功。

近年来，体育教学越来越重视课堂评价这一环节，老师课上对学生的一次表扬、鼓励，会让学生感到自豪，更加努力练习，而没受到表扬的学生会感到自己表现得不够优秀，内心会产生一定的练习动力，所以老师积极中肯的评价显得尤为重要。这就要求教师在上课过程中要制定详细、规范的评价标准，对学生的课堂表现给出精准的评价。因此，教师在做评价量化表时，不仅要评价技能、体能方面，更要把合作意识、规则意识、自我学习能力等德育评价元素融入评价体系中。

3. 立足体育比赛渗透德育

体育比赛同样是初中体育课堂教学中的重要组成部分，参加体育比赛，不仅能够进一步提高学生的体育技能，而且通过德育的渗透，能够让学生更加懂得遵守规则与集体的力量，从而更加自觉地规范自身行为。比如，教师组织学生进行一场篮球比赛，要求学生在比赛过程中团结合作、服从裁判，享受体育竞争的过程，进而培养学生顽强拼搏、团结合作的优良品质。又如，在体育比赛开展前，教师要制订明确的规则，确保比赛胜负有据可依，保证公平。同时，还要渗透纪律教育，强调如果犯规就会失去竞争机会；渗透胜负教育，让学生懂得胜利虽然人人向往，但是失败同样是走向胜利的必经之路。

4. 提高体育教师德育渗透意识与德育素养

体育教学一般在室外进行，是以教体育技能和提高身体素质为基础的教学活动。很多体育教师认为教好技能、提高身体素质就可以了，德育思想意识不到位，这样的想法就把体育教学简单化、功能化了。其实体育教学是一项多元化，德、智、体、美、劳全都涵盖的教学活动，而且体育教学目标也明确要求对学生进行社会适应能力、情感价值的培养，这就要求体育教师在教学时不仅要教技能、练体能，同时也要进行德育。体育教师要转变教学观念，在体育教学中融入德育。

由于地区和个体的差异，体育教师教学能力、德育素养、核心素养参差不齐，不同地区的体育教师接受继续教育的机会也相去甚远。所以在体育课堂中落实德育的程度会有所差异。教师的一言一行都会对学生产生深远的影响，在德育过程中教师要知道教什么、怎么去教，这就要求每一位体育教师在教学时，自身要具备良好的德育素养。因此，体育教师要提高自我学习能力，积极参加继续教育培训，提高自我德育素养，为体育教学德育渗透打好基础。

5. 加强体育课中德育素材的挖掘

实践教育是实施德育的方法之一，体育不仅教学内容适合德育，而且教学形式也非常适合德育。例如：游戏可以培养学生的团队意识、规则意识；武术教学可以培养学生的民族意识和爱国情怀；教师下达的口令能培养学生的纪律性和执行力等。因此，教师在备课阶段要从教材内容与教学方法上进行德育素材的挖掘，积极参与集体备课，细化教学内容，借鉴新的教学理念，学习现代化教学技术，共同开发教学模式，改进教学方法。

6. 提高学校德育重视程度

体育教师是教育的执行者，而不是决策者。在体育教学中，有时体育教师想教一些体操或球类技术，但是由于安全隐患和体育考试项目教学任务繁重，学校削减了这方面的教学内容。因而，德育在体育教学中的落实需要在学校相关制度的保障下才能更好地完成。教育相关部门制定完善的德育条例、准则，让德育真正融入学校教学中，以提高学校、教师、家长及学生对德育的重视程度，这样才能更好地保障和促进体育教师进行德育，从而达到德育和体育教育的深度融合。

六、在音乐教学中融入德育理念

时代发展必然推动教育的发展，这是由教育的功效决定的。人们通过教育更加准确地认识到时代的需求，并且将这种需求内化为自己的奋斗目标，在追求目标的过程中实现自己的人生价值。当前我国正处于快速发展的重要阶段，教育也在不断地适应时代发展而呈现出新的面貌。音乐教育与德育的结合正是时代发展的需要，也是未来音乐课堂教学发展的新趋势。

（一）音乐教学中融入德育的认知

1. 音乐教学中融入德育理念的价值

（1）提升学生的综合素养

提高学生的艺术审美能力是综合素养的重要组成部分，音乐作为现代艺术的重要表现方式，对陶冶人们的情操、增强人们对生活的热爱、传递情绪和理念有重要作用。初中生正处于兴趣爱好的培养阶段，也是人生观价值观的形成时期，加强音乐教育与德育的融合对于提升学生的艺术素养与审美水平有积极的推动作用。

（2）增强德育内容的感染力

传统的德育相对枯燥，而与课程内容相融合的德育可以为学生提供更加丰富的学习渠道和方式，增强德育的感染力。在音乐课上展开德育不仅可以让学生更加深刻地理解音乐的内涵，而且能够让学生的情感得到升华，认识得到提升，让学生能够在时代发展中感受到责任与担当。

2. 当前音乐课德育面临的问题

（1）学校对音乐课的重视程度不足

音乐课一直以来都处于初中课程体系的边缘，很多学校连基本的音乐师资力量和音乐课课时都不能保证。一部分学校的管理人员还秉承传统的教育理念，更加重视文化课的学习，而忽略了对学生综合素养培养的课程发展。这就导致了音乐教学长期以来得不到应有的发展，教师在教学的过程中墨守成规，教学态度敷衍，这也使音乐教学效果大打折扣。

（2）教学方式单一，缺乏创新性

很多学校的音乐教学都是延续传统的教学方式，即用教与学的基本结构展开教学。教师通过示范演示教授基本音乐知识与曲目，学生则通过欣赏或跟唱的方式进行学习。这种教学方式不仅影响了学生学习主动性与积极性的发挥，无法调动学生的学习兴趣，也影响了课堂教学目标的实现。单调的课堂学习模式影响了课堂的教学氛围，也不利于学生对音乐产生学习的兴趣。

（3）音乐教学与学生的生活脱节

任何教育都不应该离开学生的生活，音乐教育也是一样。在日常学习的过程中，如果音乐内容脱离学生的实际生活，往往无法起到应有的教育作用，学生无法感受到音乐中的感染力，自然也就没有了学习的主动性。实际上音乐在生活中无处不在，让学生参与音乐创作、音乐欣赏、音乐模仿等活动，加强音乐教育与学生生活的联系，提升学生的生活体验与感悟是未来音乐课教育的重要发展目标。

（二）音乐教学中渗透德育理念的策略

1. 提高对音乐课的重视，强化教师教学水平

学校要转变教学理念，提高对音乐课的重视，积极引进有专业音乐素养的教师，提升音乐教育人才队伍的数量和质量。同时，学校要积极开展区域内的教研活动，提高教师的教研水平，让教师产生对职业的认同感、获得感和幸福感，从而激发他们的工作热情，带动学校内音乐教育的氛围。音乐教师也要主动提升自身的专业水平，提高对待工作的积极性，让学生能够在充满激情的课堂氛围中展开学习。通过学习，教师可以在开展音乐教育与德育的过程中，更加精准地抓住切入点，设计课堂节奏，从而提高课堂效率。学校可以提供给教师部分网络课程，让教师通过自主学习和平台监管两种方式，提高自己的教学水平，深化德育与音乐课堂的融合。

2. 创新教学模式，促进音乐实践与德育的融合

教学模式的创新可以有效地提升学生的课堂积极性，教师将学生让渡为课堂的主体，增加学生感知和感悟的环节，提高学生的音乐审美能力。教师可以充分地利用现代技术为学生营造良好的学习情境，也可以通过融媒体为学生全

方位地展示音乐创作的时代背景，让学生更加准确地理解音乐中的情感变化。如学习《化蝶》时，教师可以为学生展示梁山伯与祝英台的故事影片，让学生对故事的情节有初步的认识，然后通过经典的乐曲，让学生感悟中国民族乐器的声色，在这些基础上，引导学生去学习和感悟《化蝶》乐曲的深层情感，教师在教学的过程中要注重对学生文化自信的培养，并使学生在学习的过程中对中国民族乐器产生兴趣。在开展教学模式创新的过程中，教师要充分地认识到学生的具体情况，不能生搬硬套，以免引起学生的抵触心理。

3. 加强与生活的紧密联系，提高德育的效果

在开展音乐德育的过程中，教师要积极开展教学实践活动，让学生在实践中感受到音乐的张力，并且提高对音乐的鉴赏能力。学校可以利用学生节假日或课余时间参与各企事业单位以及社区组织的音乐活动，也可以组织有兴趣的学生成立合唱团，参与音乐创作和排练，从而在全校范围内形成良好的音乐学习氛围。在这个过程中，教师要加强对学生的德育引导，让学生在提高音乐能力的同时，增强对音乐的鉴赏力和表演力，全面提升学生的综合素养。如近年来得到大量关注的厦门九中合唱团，通过创新音乐表现形式和参加多种实践活动，得到了公众的认可，同时也提升了这些学生对音乐的热爱和感悟，让学生在参加表演的过程中，更加深刻地体会到音乐中的情感，从而达到陶冶情操的效果。

可见，要提高音乐德育必须从多个层面入手，通过系统性、综合性的策略增强音乐育人的效果。学校要充分地认识到音乐教育的重要性，适当增加专业的音乐教师，引导教师开展学科内的教研工作，全面提升初中音乐教育的德育水平，增强学生的综合素养。教师也要提高对自己工作的认同感，严谨认真地对待音乐教育工作，将德育充分地融合到教育的各个环节中。

七、在英语教学中融入德育理念

新教育理念最关键的组成部分就是德育，因为其贯穿在学生学习发展的每个层面。教师身为新教育理念的执行者与指引者，有义务在教学过程中深层次地发掘教材课文当中的德育理念，在深层次探究教材的基础上，需要根据英语教学和德育教学的相同点，围绕学生的成长，运用教育的智慧展开教学，进而提高德育的水平。

（一）在初中英语教学中渗透德育的重要性

当前教育教学理念之下，要求学生不仅要有比较好的知识掌握能力，更要做一个道德品质高的学生。但是在当前物欲横流的时代之下，很多人出现了道德品质败坏的情况，所以更需要在初中阶段就做好德育工作，让每位学生都能够树立正确的三观，能够用正确的行为约束自己，从而更好地提升综合素质。在英语中渗透德育，可以让每位学生意识到德育的重要性，从而引起重视，更好地对自身行为进行规范。

在学生学习的过程中，学习固然重要，但是德育教育也是教学过程中必须要有的一个重要方面，德育教育不仅可以让学生在学习时形成良好的思想，还能为学生未来的人生提供最基础的保障。若教师在教学过程中没有将德育教育融入英语教育的过程，不仅会让学生学习英语的动机并不明确，也让学生学习英语的动力不是很充足，严重情况下还会导致学生对生命不负责甚至缺乏国家认同感等一系列的问题，所以说在教学过程中，教师一定要将德育教育放在重要的位置，为曾经工作中出现的不足做出努力。学生的德育教育是一个长时间的过程，不是一两天就能完事儿的，需要建立一个长时间的教学计划，让学生在学习知识的同时，也感受到思想的教育，真正地做到将德育教育融入初中英语教学中。

（二）英语教学中融入德育理念的策略

1. 以教材为中心，发掘德育元素

在英语课本的文章当中，除了具有非常多的单词、句子以及烦琐的词组之外，还涵盖了非常丰富的德育元素，老师不但要在英语教学过程中，为学生们讲解非常丰富的英语知识内容，而且要重视对文章内容实行深层次的解读，以教材为中心对其中富饶的思想内容进行挖掘，并且合理地提取出对于学生进行德育教育的相关内容，引进相应的德育知识，推动学生们的身心健康发展。

例如，在进行"I like music that I can dance to."的单元教学过程中，此单元的相关内容是让学生们"探讨自身喜欢的音乐以及理由"，进而掌握定语从句，老师在课前进行备课的过程中，要深层次地探究文章当中的德育元素，了解学生们喜欢的音乐、书本以及电影等，细心地策划教学，因为抓住学生们感兴趣的内容进行教学，就会调动学生们的积极性，能够让教学的整体成效进一步提高。借助这些指引学生略读、跳读、细读，让学生结合上下文章的内容，猜想单词的相对含义。因为学生们都具有强烈的好奇心，因此老师指引学生们对于文章内容的猜想，就会激发学生的好奇心，进而使其积极地投入英语课堂中。在进行英语教学的过程中运用多媒体协助教学以及运用小组合作的方式进行探究教学，指引学生们在学习知识的过程中，根据喜欢的内容进行话题的探讨，在此过程当中指引学生学会探讨自身的爱好，在传达自身喜好的基础之上，提升学生们欣赏美的能力，启发学生对于英语学习的乐趣以及对英语学习的积极性。

2. 根据单元主题，设定德育情境

由于新课改的原因，初中英语的文章内容非常丰富，在各个单元主题的相关教学过程中，皆有根据性比较强且非常有用的知识。老师在进行教学的过程中，可以根据单元主题的相关内容，例如，其中包括的礼节教育、爱护环境教育以及奉公守法教育等主题设定相应的教学环境，作为学生们深入德育教育的元素，在此过程当中，学生不但熟练掌握了相关的英语知识，提高了英语口语表达水平，也合理地加强了德育观念。

例如，在进行"We're trying to save the earth！"的单元教学过程中，主要探讨的是有关环境保护的相关内容，处于初中阶段的学生，对于社会环境的相关问题注重程度比较差，因此无法非常好地规范自身的行为，在切实展开教学的过程中，老师要在讲课的时候根据学生对于保护环境的相应态度进行相应的调研，在课后向学生们发布作业，让学生们运用网络资源采集全球环境遭受污染的现况，并且让学生在课后重视保护环境，从小事做起，从身边做起。在教学过程中借助多媒体设备向学生们展示地球污染的状况，在不同的层面研究环境污染的相对严重性，并且指引学生发表感言，课后发布有关环境保护的相关倡议书，倡导身边的人们用实际行动来爱护环境。

3. 革新实践活动，增强德育素养

新课改主要强调老师在进行教学的过程中，要学会尊重学生相应的主体位置。老师身为教育组织的指引者，要在教学过程中指引学生把英语运用到切实的生活当中，将英语相关知识内容和切实生活合理地关联到一起，多进行实践活动，因此，教师不但要培养学生主动学习的水平，还要在其中渗透相应的德育元素，在寓教于乐的过程中增强学生们的道德素质。

例如，老师可以在课后建立英语角，定时给学生们设定相应的与英语课外相关的阅读资料让学生们进行探究，在此过程当中，不仅可以拓宽学生的视野以及知识层面，还可以有效合理地渗透德育元素，定时根据一些比较有争议的相关内容，举办辩论比赛活动，使学生们在团队活动中体会德育的多元化渗透。因为每个学生都是一个独立的个体，在进行辩论的过程中，每个人所表达的观点都是不同的，所以学生就能够深入地感受德育的多元化渗透。老师还可以组织学生一起为学校设定相应的英语德育标志的相关标牌，借助采集名人名言，在策划的过程中，锻炼学生的团队合作意识，有效合理地渗透相应的德育教学。

4. 教师要以身作则，运用榜样示范

老师对于学生而言是非常神圣的存在，因此学生非常听从老师的话。教师的一举一动也在潜移默化地影响着学生，所以教师必须规范好自身的行为举止，在进行教学的过程中，板书一定要清晰明了，字迹也要干净整洁，用自身具有的创造性以及灵敏性的教学方式感知学生，用自身的文明举止以及严格治学，将优良的德育信息传授给学生们。

例如，教师在刚刚进入班级准备教学的时候，就可以运用英语当中的一些礼貌文明的用语进行开场，像"Excuse me. / Thank you. / Can I do."等，和学生们进行对话，如此一来就会激发学生们对于学习英语的兴趣，进而使学生们纷纷开始运用这些文明礼貌的用语进行同学间的彼此交流，也会将自身以往在生活当中运用的不文明的语言自主屏蔽掉，使学生养成文明用语的好习惯。使学生在日常的口语交际中，不但提升了口语表达能力，还提高了德育素养。

5. 注重文化熏陶，提升道德情操

英语的学习其实并不仅仅是一种语言的使用，英语作为一种语言表达工具，所传达的是一种外国文化，与中国文化相比是存在很大差异的。很多学生习惯了中国式的思想，对于外国思想难以接受。教师在教学过程中，可以通过文化的方式来让学生感受不同文化之间的差异，在不同文化的碰撞之下，为学生创造一个良好的学习氛围，通过文化的熏陶，让学生养成更好的行为习惯，能够使自己的道德水平得到提升，进而促进自身的全面健康发展。

比如说，在学习"Teacher's Day"这一部分内容的时候，除了教师节之外，还有很多的节日是从国外引入的，是我国传统节日中不存在的。教师可以通过一些节日来作为引导，比如说父亲节、母亲节，其实这些都是外国节日，对于我国文化来讲，不仅没有冲突，反而多了一个让我们可以向父母表达爱意的机会，所以对于我国文化来讲，具有很积极的意义，教师要让学生正确地看待外国文化，而不是一味地抛弃或者是崇洋媚外，要在文化的氛围之下培养学生的情操，让学生得到更好的提升。

第五章

暗香满盈

初中班主任的德育工作暗香无声，满盈校园，渗透学生心间。学生的成长道路上，需要教师的引领，需要班主任的关心与爱护。班主任是默默陪伴与守护学生们成长最重要的引领者，也是他们的陪伴者。

第一节　初中德育教学再认知

初中德育工作是育人的工作，德育的育人特征正在凸显，且德育强调实践性与时代性，对于初中生的成人与成才以及社会发展，都更显出其价值。

一、初中德育的问题与对策

（一）初中德育的问题

1. 德育教学实践性不强

中学道德教育的明显缺陷是实践性不强。大多数初中教师错误地认为对初中学生实施道德教育的过程，实质上就是向初中学生灌输各种道德教育基础知识，因此，在初中课堂道德讲解教学过程中，只注重提高课堂讲解质量和教学效率，却忽视了初中学生自己是否对各种道德知识内容进行了深层次的知识学习等。实际上，许多中学教师在指导开展现代德育工作时，都是以传授理论知识、实例分析为主，在德育课程教学中，只将重要的德育理论知识信息传授给广大学生，而没有充分结合中学教材中给出的一些相关德育案例，带领广大学生深入挖掘现代德育的潜在价值。初中学生死记硬背各种德育知识点，没有真正理解这些重难点的相关德育基础知识，教师也没有将其真正融入学生日常行为中，以致德育课程中的价值意识丧失，有效性意识不强，其根本原因就在于以往教师单向知识灌输的传统教学模式。目前，德育还普遍存在许多制度问题和管理漏洞，主要表现在部分学校、班级缺乏规章制度、奖惩管理措施等方面，使学校德育工作的管理压力不断增大，形成高压式德育教学。

2. 传统美德观念意识淡薄

目前，初中生大多数都是独生子女，受到父母的溺爱，以致他们常常以自我为中心，不懂得尊重他人，也不懂得体会劳动的基本价值，在为人处世态度方面存在着过于冷淡、缺乏中华民族文化精神等不良问题，严重影响了部分初中生正常的身心健康发展。中学德育知识课程中包含许多与学生道德观念教育有关的知识内容，如如何遵守公共交通规则、维护社会公共利益、实践公共精神等。因为授课老师太注重知识点讲解，而没有把教材内容和每个初中生的实际日常生活情况结合起来，所以很多初中生的思想道德规范意识还比较弱，例如，在公共场合说脏话，不懂得尊老爱幼，随地吐痰、乱扔纸屑，破坏公共物品等现象时有发生。

（二）初中德育的对策

1. 确定明确可行的德育目标，开展德育工作

作为班主任，对于一个新接手的班级要有一个全新的班级规划与计划，把困难和可能出现的问题及解决办法想在前面，做到心中有数。新学期初，我利用第一次班会的时机向学生们介绍未来我们班级的德育目标：把优秀当作习惯。我们的一言一行都是日常积累养成的习惯，要把优秀变为习惯。要求学

生：学习勤奋有上进心；言行文明有感恩之心；做事勤恳有责任心；做人踏实有自信心。要扬正气，树新风；要形成团结、向上、文明、务实的班集体。把这种理念灌输给学生们，优秀并不是遥不可及的，只要我们从身边的小事做起，慢慢地就会成为优秀的人。给学生们传递我的教育理念：快乐学习，健康成长。引导学生们用心尽力去做事，让将来的自己不后悔。我送给学生们的话：努力不一定会成功，放弃一定会失败。

2. 抓住时机，形成班级凝聚力

上学期初，我们学校组织学生到社会实践基地学习、体验。出发前，针对本次的活动，我做了详细的布置和要求，由于活动前我们班做了充分的准备，在本次活动中，我们班获得了军事会操一等奖、内务示范先进集体、文学风采奖以及班级拔河第一名的好成绩，学生们也很兴奋、高兴。我抓住本次机会，表扬学生们的表现是很棒的、很优秀的，并鼓励他们要多参加集体活动或比赛，多为班集体争光，多拿好名次。在接下来的班级活动中，因为有了之前的收获与成功，我们班的学生积极性很高，都是以第一名的标准来做的，事事想着争第一，都积极参加学校的各项集体活动，比如，学校大合唱比赛、学校运动会、庆祝"一二·九"活动、学生手抄报活动、班级黑板报评比、文明班级评比，等等。各项活动均取得了很好的成绩，并且在各阶段的考试中，班级综合成绩名列前茅。

3. 制订班级班规，形成对学生必要的约束

"不以规矩，不能成方圆。"国有国法，家有家规，校有校纪。作为一个班集体，制订合理的班规是十分必要的，它的作用在于对学生进行约束和管理，让学生能在平时的生活和学习过程中加强自我的约束；使学生能明辨是非，增强自我的责任感，为今后自我品德的发展奠定良好的基础。

4. 班主任要以"德"育人

班主任是班级工作的组织者与实施者，他的工作性质要求与学生打成一

片。班主任的自身素质是学生的风向标，指引着学生前进的路线。"学高为师，身正为范"，身正才能做学生的好榜样。"己所不欲，勿施于人。"比如，要求学生按时到校，自己先做到守时；要求学生衣着整洁不夸张，自己先做到；要求学生讲卫生、注意保持班级整洁，并养成随手拾垃圾的习惯，自己先做到，示范给学生看；班级学生拖地、打扫卫生，做得不到位，亲自示范、动手。班主任还要利用业余时间多学习，增强文化内涵，做到出口成章，说话有涵养。此外，作为班主任要处处以身作则，做好表率，让德育工作"润物细无声"。

5. 德育是爱的教育

关爱、关注每个学生，不因个人的喜好有所偏差。法国作家拉·封丹有一则寓言："北风和南风比试，看谁能把一个人身上的大衣吹掉。北风首先施展威力，行人为了抵御北风的侵袭，把大衣裹得紧紧的；南风则徐徐吹动，风和日丽，行人觉得暖洋洋，开始解开纽扣接着脱掉大衣。"这则寓言中的"北风""南风"不正是班主任的工作方法吗？而"行人"也就是学生。班主任的工作是十分繁杂的，常常会让人身心疲惫，在工作中，班主任是用自己的威严去压服学生，还是用诚挚的情感去关爱、尊重、信任每个学生？我想，作为班主任要用情感和爱心去引导教育学生、关爱学生。关爱学生并不是迁就与放纵他们，必须"爱"和"严"相结合，"宽严皆是爱"，这样学生才能真正从心中理解你、接受你。

6. 做好家校的沟通及合作

学生成绩、品格好坏是学校、家庭共同的责任。班主任应该加强与学生家长的联系，做好学生情况的沟通交流。班主任要利用好现代通信平台，如微信、短信、电话等，做好与家长们的沟通及联系，加强合作教育。比如，建立班级微信群，发送相关的教育短信、通知、安全提醒教育、学生问题反馈等。班主任还要深入每个学生的家庭中去，兑现对学生们的承诺，和家长们直接面谈，让学生们感受到来自班主任老师的关爱、关心。比如，在新学期的第一次期中考试后，我和学生们约定要到每个学生家中去家访，当然家访不是为了告状，而是为了了解每个学生的家庭及学习生活情况。班主任亲自到学生家里与家长交流，以实际行动表示对学生的关怀，从而保证德育工作顺利进行。

7. 形式多样的德育

德育班会应形式多样、内容丰富、气氛活跃。比如，新学期开始时可以让同学们作自我介绍，谈自己的爱好、特长；组织学生参加纪念抗战胜利七十周年活动，增强学生们的爱国热情；组织学生参加"我运动，我快乐"校运会活动，调动学生们的运动热情；组织学生参加纪念"一二·九"活动，铭记历史，不忘国耻；组织学生参加学校的法治宣讲活动，对学生进行普法教育，增强法治意识；组织学生参加"学雷锋，树新风"活动，学习雷锋精神，弘扬雷锋精神；组织学生参加"我劳动，我光荣"活动，让学生感受劳动的艰辛与不易，从而能发自内心地爱护环境。学校是教书育人的场所，教师既要教书更要育人。做好德育工作是班主任的责任，也是社会的要求。

（三）初中德育的必要性思考

1. 学生核心素养的提升

初中生的人生阅历比较少，又处在一个对于外界有很强好奇心的时期，有些初中生可能会抵抗不了外界的诱惑，或者不能正确分辨信息的好与坏，就容易走歪路。所以对于初中生来讲，适当地开展思想道德方面的教育工作，能够有效地提升学生核心素养，让学生拥有正确的价值观，对于外界信息也能有足够的分辨能力。

学校是教书育人的场所，同时也应该肩负起学生德育的工作。在传统的应试教育中，学生以成绩为中心，学校对于德育工作没有足够的重视，在师资配备和教育内容方面，也没有结合学生的个性发展创新教学方式，教学的内容相对来讲比较落后。初中时期的学生最为活泼开朗，这段时期也是学习的最佳时期，学生有着较强的个性，学校开展德育工作不仅可以加强学生的个性化与独立性，对于学生的学习与进步也有着重要意义。

2. 社会对于人的基本要求

虽然初中生尚且在身心条件上不够成熟，但是作为社会的公民，就要学会了解并承担力所能及的社会中的责任和义务，这也是社会对于人的基本要求。学校开展德育工作能够有效地促进学生健全三观，除此之外，法治内容的开展也能在一定程度上让学生养成法律观念，尊重法律，在心理品质方面能够正确疏导学生，对于学生的学习和发展产生深远的影响与作用。学校开展德育工作侧重于关注"培养什么样的人"和"怎么培养全面人才"，规避了曾经单一关注学生学习成绩的教育弊端，注重学生整体教育，使学生形成关键的能力与社会上所需要的重要品质，这样才能够源源不断地向社会输送人才。

二、初中德育工作的有效开展路径

（一）建立和谐关系，提高德育效率

平等的师生关系能够使学生弱化与班主任之间的距离感，以此拉近师生之间的距离，从而达到学生积极配合班主任开展德育工作的目的，因此，班主任应积极构建班级内部和谐民主关系，使学生敢于充分表达自己的意愿，从而逐渐获得学生们的信任，以此促使学生积极配合班主任的德育工作。例如：我为了拉近与学生之间的距离，利用课余时间带领学生开展与德育相关的课外活动，在活动中我以朋友的身份与学生互动。比如，我带领学生以小组为单位进行"障碍接力顶球跑"的游戏，我开展这一活动的目的有两个：其一是为了强化学生的团队合作意识并使其学会理性信任他人；其二鉴于我也会切身参与到游戏过程中，所以在师生互动时我能够获得学生的信任，以此来建立和谐的师

生关系，从而使学生能够在我开展德育工作时，以积极配合的态度来协助我提高德育效率。再例如：我在制订班级管理规定时积极采纳学生的建议与意见，使学生能够充分表达自己的想法与意愿，以此达到在班级内部建立和谐民主关系的目的，从而在形成良好师生关系的基础上提高德育效率。

（二）创设德育情境，营造德育氛围

情境教育对于学生而言是最为稳妥的教育方式，使学生能够在德育氛围中深刻体会并有所感悟。班主任应积极为学生创设德育情境，例如：初中时期的学生正处于叛逆期，我为了使学生在遇到挫折时避免产生消极心理，以创设挫折情境的方式引导学生勇敢面对挫折并以积极的心态理性解决问题。比如在一次班会活动中，我带领学生进行"闯关夺宝"的游戏，游戏规则以学生小组为单位，组员们一起探索我给出的问题并齐心协力找到答案，以此突破层层关卡最终寻得宝物。在此过程中学生会遇到各种各样的难题与挫折，需要组内人员同心协力相互配合共渡难关，与此同时，当组内成员出现矛盾时学生能够有效解决矛盾，以此使学生在参与这一活动时学会如何以积极的心态面对困难，并心存信念相信自己一定可以克服困难。由此可见，班主任应积极为学生创设德育情境，在挫折情境中，学生能够切身经历面对挫折的过程以及解决问题的过程，使学生逐渐强大自己的内心并完善自身心理建设，从而营造健康积极的心理环境，进而有效避免学生产生消极情绪。

（三）提高德育素养，深化德为师范

俗话说，行为师表，德为师范。要想使学生形成良好的思想道德意识，班主任应提升自身道德修养从而起到模范带头作用，为学生树立道德的标杆，以此深化德为师范的效用。因此，班主任应采取相应措施，例如：我认为加强自身道德修养的主要途径为强化学习实践，首先，应积极学习马克思列宁主义、

毛泽东思想、邓小平理论、"三个代表"重要思想、科学发展观、习近平新时代中国特色社会主义思想等内容，以此来使自己树立正确的价值观。其次，应学习与提高自身道德修养相关的理论知识，从而强化明辨是非的能力，深刻认识到自身的不足并加以规范自身道德行为。再例如：我认为"学会反思"是班主任提升道德修养的重要因素，同时也是班主任自我完善的过程，无论是在教学过程中还是在德育工作的开展过程中，班主任都应及时针对具体现象进行反思，以道德水准较高的先进人物为榜样，要求自己及时向他人学习，从而以时刻保持进步的心态为基础提升自身道德水准。由此可见，班主任的道德水准高度直接影响学生的价值判断能力，因此，班主任应提高自身道德修养，一方面能够为学生提供积极的参考，从而起到模范带头作用；另一方面能够使班主任进行自我完善，为开展良好的德育工作提供有利的客观条件。

第二节 新时代教师的中国梦

作为一名新时代的教师，作为一名班主任，应该有一个教育的中国梦，那就是培养好学生，做好德育工作。

一、用心做好德育工作

（一）"用心"做好学生的德育工作

初中生的道德观还在逐步形成中，所以班主任要在培养学生优良的道德观上下功夫，要多"用心"，要注重培养学生在实践中的道德观，要让良好的道德如影随形地伴随学生，不要只是口头上的空谈，要通过教师的"用心"教育，让学生学会感恩，懂得感恩，从而善待自己，善待他人。

第一，充分利用班会对学生进行"一日常规"和"中学生守则"等行为规范方面的德育。召开"放飞梦想""中国梦我的梦"等以远大理想抱负为主题的班会活动，让学生在远大理想的感召下，满怀对未来的憧憬和激情积极向上地学习。

第二，充分利用学校组织观看的爱国主义以及英雄人物的教育影片对学生进行潜移默化的影响。让学生观看影片之后写观后感，班级组织讨论，激发他们的爱国情怀和民族情结。

第三，利用家长会，使得学校教育和家庭教育合体，形成对学生进行德育的合力。每学期我都精心准备家长会，家长会上不单单和家长沟通交流学生的学习情况，重要的是给家长"洗脑"，通过我的教育理念和学校的德育活动，使得家长了解学校的教育方式，这样可以使家庭教育和学校教育无缝对接，从而最大限度地推进家庭教育中的德育工作。

（二）"细心"做好环境育人工作

学校优美的校舍、醇厚的校园文化是陶冶学生情操、净化学生心灵的好题材。我常常利用学校组织的"文明班级"以及"最美学生"等评比活动，讨论我班的班风、学风，然后组织学生布置教室，把班风、学风的标语、名人警句和中学生守则、一日常规以及一些评比细则张贴到班级醒目的地方，班级还设有"好人好事"、"最美学生"以及"今日之星"等专栏，使得班级里学习勤奋、助人为乐、讲文明懂礼貌以及在各方面表现出色的学生榜上有名，激励其他学生向优秀学生学习，激起他们积极向上、人人为班级争先、个个奋发向上的浪潮。

第一，我推行"精细化"管理。我对班级物品和学生学习物品的摆放都有明确的规定，目的就是让学生养成良好的习惯，给他们创设整洁舒适的班级环境，让他们知道"把身边的每一件平凡的事情做好就是不平凡"的道理。

第二，我力争给学生营造一个整洁、高雅、美观大方的班级环境，营造一个积极向上的学习氛围和团结祥和的学习环境。

（三）用"平等心"对待每一个学生

民主、公平地对待每一个学生，是我们作为班主任的基本准则，我在二十多年的教育生涯中，一直用自己的实际行动努力着，我对待学生从来都是一视同仁，没有亲疏之分，在我的眼里没有学困生，也从来不歧视学困生，并对羸弱的学生爱护有加，我努力挖掘每个学生身上的闪光点，发掘他们积极向上的一面，在课堂上给他们搭建公平竞争的平台，让他们各尽其能，都有出彩的机会。我给予学生尊重，激发他们张扬的个性，欣赏他们的每一个进步，用"平等心"公平地对待每一个学生。

中学阶段是学生可塑性最强的时期，每一个学生都有光辉亮丽的一面，我用平等的心态对待每一个学生，对于他们的点滴进步我从不放过，一定会进行大力宣扬，给予肯定，把这些好的方面传递给每一个学生，让他们以身边的人为楷模。多年的教育经验告诉我，班主任一定要有"蹲下身子看孩子""弯下腰来对待学生"这样的心态，要以他们的视角看待问题，要站在他们的高度来分析事情，要用心分析他们的不常规的做法，要真正地懂他们，要尊重他们、理解他们，要给他们创造平等交流、公平竞争的平台，要营造平等的氛围，让学生在公平、宽松、和谐的环境中真诚地表达自己。

（四）用"诚心"沟通以激励学生

真诚待人是我们作为成年人为人处世的准则，作为班主任一定要用"诚心"感染学生，用自己的实际行动和学生达到心灵的沟通，给学生信任感，用真诚的心去关爱每一个学生，处处做表率，言行合一，用自己的行动取得学生的信任，和学生相互理解，建立和谐的师生关系，成为学生的良师益友。班主任还要成为有心人，处处留意、时时观察，洞察学生的行为，利用一切机会对学生进行各种教育。

苏霍姆林斯基说过："教育技巧的全部奥秘就在于如何爱护学生。""爱"是教育中重要的因素，它是一种发自内心的热情，是教师教育学生的前提，也是教师的一种教学艺术和能力。古今中外的许多教育家都把热爱学生看作教师最基础的美德。班级管理是一门艺术，我用教育生涯践行了我说过的话：当老师，就得热爱教育教学工作；当老师，就得对学生充满爱心！

二、做好班级管理工作

（一）初中班主任班级管理存在的问题

1. 重学习、轻思想

初中生面临的第一个问题是中考，家长和学校都极其重视学生的学习成绩，往往忽略了学生的心理问题和思想波动，这种无形的隐患一直存在并且逐步扩大。我国初中生普遍存在心理问题，这是青春期阶段的正常现象，问题在于周围人的不断忽视会导致心理问题演变成外在的叛逆或者厌学等不良行为。初中班主任的一个重要任务就是重视学生的思想问题，并及时干预和引导，防患于未然，避免思想问题的恶化。

2. 重经验、轻理论

初中班主任都有丰富的班级管理经验，历届学生都给其带来了宝贵的经验财富，但是这也导致部分初中班主任会过于依赖或信任自己的管理经验，产生事倍功半的效果。如前所述，新时期、新特点，班主任在当今的班级管理中不能过度凭借自身经验，故步自封，应当让自己处于一个不断学习的状态中，不断学习班级管理的理论知识，不断学习他人优秀的管理方法，这样才能应对当下社会对初中班主任提出的新要求。

（二）初中班主任班级管理工作对策

1. 提高班主任自身素质，发挥班主任的榜样引导作用

初中班主任想要提高班级管理水平，培养良好的班级管理能力，就要从自身做起，首先要提高的就是班主任自身的素质，包括优化教学水平、形成良好的自身涵养、提高思想认知水平、开阔视野等。言传身教、以身作则，在与学生的朝夕相处中使自身的优秀品质潜移默化地影响学生，因此，班主任只有自身做一个良好的榜样，才能够帮助学生形成终身受益的行为习惯，才能顺其自然地提高班主任的班级管理。

2. 建立良好的师生关系

良好师生关系的建立是优化初中班主任班级管理水平的基础。首先，班主任要改变传统的认知观念，师生关系不是管理与被管理的焦灼关系，应当是平等、互助的良师益友。其次，在传统观念中，班主任应当树立自己的威严，这样才能"管住"学生，让学生"听话"，这种师生关系之下，班主任时时刻刻提醒自己不苟言笑，严肃且威严，学生也都怀着畏惧的心理和排斥的情绪，这样"管理式"或"对抗式"的班级管理难以长久。新型师生关系应当是和谐且平等的，班主任要放平心态去引导学生，尊重学生的不同思想，激发学生的学习动力和主观能动性。

3. 因材施教，尊重学生的个体差异

"一视同仁"的管理方式很难关注到初中生的个体差异，班主任应当注意到每个学生的特点，包括学习兴趣、特长、性格、家庭环境等，对待不同的学生采用不同的方式。例如，开朗的学生就可以正常地指出问题，告知改正方式；内向的、敏感的学生就要采用委婉的方式去开导，注意沟通的技巧性。

4. 以身作则，建立威信

一个教师要想管理好班级，一定要以身作则，建立自己的威信。首先，学生对于老师的看法比较主观，大部分情况下不能很客观地评价老师，所以老师一旦严格，就会让他们觉得是在针对他们。作为班主任，如何把握言辞的分寸是十分重要的。举个例子，我从前的语文老师是隔壁班主任，她属于比较严厉的老师，隔着操场都能听见她吼那种，但是她也会跟我们开玩笑，然后自己做寿司送给我们。课下和课上不一样，很友好，像朋友一样。因此我个人认为，如果想建立威信，课上严厉，课下友好，不失为一种好方法。

其次，很多老师所建立的威信，都是学生表面顺从，但心里已经特别不屑了，学生有"胳膊拧不过大腿，但是我在心里讨厌、嫌弃，别人也管不着"的想法。这个例子就是我们学校的一个班主任，他是个教语文的男老师，不是很能站在学生的角度思考问题，学生对他的评价大多就是小题大做。之所以说小题大做，举个例子，学生晚饭吃晚了，回来有些迟，他就把学生单独叫到门外，大概批评了有半个小时。还有，因为是实验班的原因，作业很多，经常写不完，他却要求学生每科必须提前自学，自学到会做题的程度，其理由是老师不是教课的，而是给学生提高的。我可以承认，他的方法没有错，但是未免有些理想化，如果真的像他所说，那么要老师还有什么用？

5. 以学生为本，选择一个优秀的班干部

以学生为本，是做好班主任工作的基础。培养一个班长，让学生共同管理班级，既能减轻我们的负担，又能培养学生的能力。我所管理的一个班级，当时和我一起当班主任的还有两个朋友，刚开始我们都互相吐槽时间不够用，学生不懂事。后来我越带越轻松，简直成了甩手掌柜，但是我的班级各方面越来越好，她们俩却依然怨声载道。主要原因就在——我有一个给力的班长。其实有些孩子很有领导欲，也有领导才能，天生就适合做管理。关键是你要善于观察。我当时的班长成绩一般，但是一身正气，也很爱操心，气场很强。班级工作并没有影响她的学习，反而增强了她的自信心，否则一个成绩一般、长相一般的女孩子在班里根本没有存在感。我前期不断找她谈话，放手锻炼她。后期只要是班规里规定好的事情或者常规活动，我都放手让她去做，特殊情况找我汇报我再去处理。当然前提是你已经有一个具体全面得到大家认可的班规，并且很多活动都已经形成了惯例。我们班合唱比赛、运动会、值周，这些涉及全班的大活动我都不管，只跟进一下，给点补充意见，最后也搞得很成功。

6. 关爱学生，引导学生，点到为止

关爱学生是做好班主任工作的关键。另一个占用班主任时间的大头就是个别学生问题处理。每天总有那么一两个学生出点问题，有些还是惯犯。你总得了解情况，先处罚他，再做做思想教育，一弄半个小时一个小时过去了，一天时间就紧巴巴的。我的处理方法是引导为主，点到为止，拿出解决问题的态度。我当年身上毛病也多。我清楚有些时候学生不是有意的，只是有些坏习惯一时半会儿改不了。学生出问题后，我都是拿出解决问题的态度，一般是三段论：你觉得这个问题影响你学习吗？你觉得问题出在哪儿？咱想个什么办法改掉？态度和蔼，学生也配合。用时一般不超过 5 分钟。我都是课间冲过去找学生解决，绝不占用学生的上课时间。

当时班上有两个学生天天迟到，还有一个学生天天不写作业。我都是这么聊。后来想了个办法：你最怕干啥，怕不怕当众唱歌？于是敲定：再出现问题就当众唱歌，学生也同意了，效果立竿见影。后来偶尔有时再犯，我也睁一只眼闭一只眼就过去了。当然我的方法最大的弊端就是跟学生接触少了，学生跟我不够亲，所以没事我就组织个集体生日、周末郊游什么的，学生们都很喜欢。

7. 组织丰富多彩的活动

班主任可以组织丰富多彩的活动，让学生在活动中锻炼自己的能力，增强班级凝聚力。例如，班主任可以组织以下类型的活动来增强班级凝聚力和促进学生的个人成长：

主题班会：定期召开主题班会，让学生们共同讨论班级事务、解决问题、分享经验和感受。这有助于增强学生的团队合作意识和责任感。

团队建设活动：组织户外拓展、集体游戏等团队建设活动，让学生们在活动中互相协作、互相支持，培养团队精神和合作能力。

文艺活动：举办班级文艺活动，如诗歌朗诵、演讲比赛、歌唱比赛等，让学生展示自己的才艺，增强自信心和集体荣誉感。

体育活动：组织班级体育活动，如篮球赛、足球赛、拔河比赛等，让学生在竞技中培养竞争意识和团队精神。

社会实践活动：安排学生参与社会实践活动，如志愿者服务、参观博物馆、访问企业等，让学生了解社会，增强社会责任感。

学习活动：组织学习活动，如知识竞赛、学习经验分享会等，激发学生的学习兴趣和动力，提高学习成绩。

通过这些活动，学生可以在轻松愉快的氛围中互相了解、互相支持，形成积极向上的班级氛围，同时也有助于提高学生的综合素质和能力。

（三）提升初中班主任基本素养

1. 淡泊名利

初中班主任担负着非常繁重的工作，不能为个人利益而闹情绪，导致对人际关系与工作产生负面作用，最终不利于整体队伍的稳定与纯洁。应当认清自己的工作并非为了追逐名利，而是进一步提升学校的管理水平与效益。对于学校来说，应当从物质上或精神上对那些表现突出的班主任进行奖励。班主任应当积极提升思想觉悟，在利益面前保持头脑清醒，具有高尚的境界——淡泊名利。

2. 学习先进教育理念

这是初中班主任素质的重中之重，对其他各方面素质具有引领作用，即必须具备为教育事业献身的思想觉悟，在实际工作过程中，应当熟知《教育法》

《教师法》等相关法律，并进行细致的学习。初中班主任只有具备先进的教育理念，才能对初中教育有正确的看法，并且给其他教师定好育人方向与标准，这是做好本职工作的前提条件。

3. 具备整体发展的观念

教师如果想在管理工作中取得成功，应当取长补短、扬长避短，这样才能够确保学生全面发展。优秀的班主任必须具备良好的整体发展观念，应当识大体、顾大局，以打造一支优秀的学生队伍为己任，彼此协作，将人际关系搞好，从而使育人水平得到全面提升。

4. 要有多元化智能教育理念与手段

现阶段，大部分初中生的学习方法不科学，意志薄弱，同时对挫折的抗击能力较差。班主任应当善于发现学生的特点，例如，学生具有较高的自我管理愿望，非常想要表现自己，有强烈的社会实践参与欲望。所以，对那些基础较差的学生，应当多一份鼓励，利用先进的教育理念来发掘他们的潜能，使他们树立自信心。

三、追求专业成长

（一）班主任要更新教育理念，树立以学生发展为本的思想

常常听到班主任老师说累，为啥？说到底是为学校的常规工作或更具体地说是为"卫生、体育、常规"三面红旗所累。学校常规工作的确很繁杂，千头万绪，但最终它也仅是"表"，而不是"本"，如果我们把所有精力都放在这些表面工作上，那么不仅被动，效果也未必尽如人意。其实德育是个"累心"的工作，所谓"累心"，是指教师要用各种行之有效的方法，由内及外地塑造学生，推动学生各方面良好素质的真正内化，我们要教会学生求真、求实、求美，如果我们班主任都能更多地把我们的视线和精力着眼于学生的内在素质及

未来发展，我们的教育活动就会上升到一个更新的境界，那么表面的常规工作自然也就水到渠成，学生的表现也会越来越好，我们的教育成果也一定能更持久地延续下去，推而广之。

我国正在进行的新一轮基础教育课程改革，无论是从课程改革还是从社会发展对高素质劳动者和中初级专门人才需要的实际出发，都集中体现了"以学生发展为本"这一基本思想，注重对学生的创新精神和实践能力的培养。我们要潜心研究新教材，深入领会编写者的意图，最大限度地利用教材特色激发学生兴趣，采用灵活多样的方法，培养学生的创新精神和实践能力。

（二）班主任要努力提高自身素质，把握时代的脉络与时俱进

素质是指人的思想、学识、情操、性格、身体等要素的综合，是后天通过环境培养、教育训练所获得的稳定的、长期发挥作用的基本品质结构。中国特色社会主义市场经济体制的建立，要求学校教育培养大批有理想、有道德、有文化、有纪律、敢想敢干、富于创造的高素质人才。然而，在以往的学校德育工作中，受传统教育观念和教学模式的影响，教师尤其是班主任与学生在德育教学中的地位出现了一定程度的偏差：以教师为中心，重灌输，轻交流；重说教，轻思考；重外律，轻内修，习惯于"我说你听"，盲目树立权威，缺乏平等对话与交流。这样的"师道"是不可能真正在学生中获得"尊严"的。

当今的社会发展快、节奏快，新观点、新思想、新问题层出不穷。市场经济的竞争与效益决定了人们必须更加独立自主、大胆创新，这就注定青少年学生的主体意识要进一步觉醒。他们希望一个具有时代精神的教师引导他们学会自我判断、自我抉择、自我控制和自我成长。我做过一个调查，绝大多数的学生希望自己的班主任既是良师更是益友，是一个可以交心的大朋友，这就需要不同年龄段的班主任都能把握时代的脉络。首先，一个具有时代感的班主任必须在教育观念上要不断更新。其次，一个具有时代感的班主任要有广博的知识

结构。泰勒曾说："具有丰富知识的人，比只有一种知识的人更容易产生新的思想和独创的见解。"最后，一个具有时代感的班主任要有既符合教师身份又不拘泥的仪表风范。

（三）从师生两个层面正确分析初中班主任管理中的常见问题

1. 教师方面

（1）工作压力较大

众所周知，班主任与普通科任教师相比，自身所承担的教学任务与班级管理常使班主任倍感压力，除此之外，学生及家长带来的压力也对班主任的工作状态造成一定的影响。由于学生正处于青春期，对学生的管理要软硬兼施，而一些行为有失的学生常会给家长带来误解，认为班主任未能对学生起到良好的教育作用。家长对教师的误解是始终存在的，而家长群体的素质也参差不齐，一些家长对教育一知半解，保持着"暴力教育"的观点，不仅不会对学生产生正向的引导作用，还会给班主任的管理工作带来巨大的压力。

（2）管理方法滞后

在初中阶段担任班主任的教师通常是资历较深、从业时间较长、经验丰富的中年教师，这些教师对学生管理具备一定的心得，也有属于自己的一套方法，但在能力教育的背景下，有些管理方法十分落后，而中年教师与青年教师相比，学习能力不足也会导致他们难以及时更新管理方法，况且繁重的工作压力占据了班主任大部分的工作时间，他们难以抽取充足的时间研究班级管理方法，只能沿用经验式的管理，那么也就必然导致管理方法存在明显的滞后性。

2. 学生方面

（1）学生思想误区

对于班主任的管理工作，学生的想法是存在差异的。部分学生对于自身的学习存在错误的认知，认为学习与未来的人生发展并不相关，故不愿意服从班主任的管理，常常抵触班主任的教育行为，为班主任管理带来诸多困难。学生正在经历特殊的成长时期，存在思想误区有多种因素，若班主任未能采取有效的方法及时纠正学生的错误认知，就可能面临学生不服管教甚至辍学等问题。

（2）缺乏集体观念

当代初中生多数来自独生子女家庭，学生在家庭中得到过多宠爱，受到过多关注，在班集体中也保持一种"聚焦"的状态，然而班集体中的"大家长"只有一个，班级内的学生却有几十个，班主任的管理工作有时难以面面俱到，个别学生就会感到被忽略。这些学生在班级管理中往往也缺乏集体观念，个人表现欲较强，以自我为中心，对班主任的管理工作呈现出抗拒的状态，导致班主任难以将管理措施落实下去。

第三节　促进每一个生命成长

作为教师，作为一名班主任，职责和使命就是让每一个学生都进步，促进每一个生命成长，我们更要爱护每一个学生，引导他们走上正确的人生之路。

一、赏识教育——欣赏每一个学生

（一）赏识教育的含义

大部分人所认为的"赏识教育"就是用鼓励和表扬的方式对学生实施教育，但这只是赏识教育的浅层含义，其实质不仅包括鼓励和表扬，还包括尊重、爱护和理解，是一种维护学生自尊心和自信心，尊重学生个体差异的教育方法，能够有效提升学生的学习兴趣和积极性，增强学生的学习效果。

（二）赏识教育的作用

首先，赏识教育能够保护学生的自尊心。在目前的初中德育教学课堂中，部分学生存在表现不积极、作业质量低、成绩不理想等不良现象，而往往这类学生自尊心更强，更需要教师的肯定、赏识和鼓励，以促进其进步和发展。

其次，赏识教育能够有效增强学生的自信心。教师作为知识的传播者和教学活动的组织者，其自身对学生而言就有一定的指向作用，教师的鼓励和赏识能够让学生感觉到自己被重视，从而自信心倍增，同时还能够在教师的引导下发掘自身的优点和长处，更好地认识自我和提升自我，通过取长补短进一步提升自我和完善自我。

最后，赏识教育还能够深入挖掘学生的内在潜能。学生之间的个体差异使学生在不同的教学环节中展现出巨大的潜能差异，教师在开展教学活动的时候，需要找准学生的知识层次，以恰当的赏识教育激发学生的内在潜能，促进学生综合发展。

（三）赏识教育在初中德育课堂中的运用现状

1. 教师缺乏赏识意识

虽然伴随着教育事业的改革与发展，赏识教育得到了越来越广泛的认可与运用。但是，在目前的初中德育教学中，依然有部分教师受应试教育的影响较深，思想观念相对落后，固执地认为"只有严师才能出高徒"，比起表扬学生，他们更倾向于用严格的标准来要求学生，以批判的眼光来看待学生，严重缺乏赏识意识。而对于初中阶段的学生来说，相比于批评，他们更渴望获得教师的赏识和表扬，以此来提高自身的自信心和学习的积极性，"考点论"显然非常不利于学生的健康成长。

2. 教师忽视学生进步

在传统的应试教育中，考试分数一直是教师评判学生好坏的唯一标准，认为学生成长的进步就是成绩的提升。但是在初中德育教学中，考试成绩代表的也仅仅是学生对理论知识的理解与把握，而学生在思想上的进步很难在卷面上进行体现，因此很容易被教师忽视。同时还有部分教师在实施赏识教育的时候，将主体定义为了"好学生"，认为只有"好学生"才能得到赏识和表扬，而"学困生"则需要惩罚，直接忽视了"学困生"的进步与发展，非常不利于学生综合素质的提升。

3. 教师存在错误理解

还有个别教师对赏识教育缺乏正确的理解，在实际运用过程中存在一定的偏差，不能正确对待学生之间的个体差异，以及学生在学习过程中付出的努力，没看到学生的优点，只看到学生的缺点，没肯定学生的成绩，只讲学生的错误，有时甚至一味放大学生的错误。对学生进行批评和教育时，不是给予学生恰当的表扬和鼓励，而是威严兼施，惩罚同行，把他们批得体无完肤，无地自容，从而导致学生的自信心和积极性受到严重的打击，对学生的成长起到适得其反的作用。

（四）赏识教育在初中德育课堂中的实践策略

1. 赏识要有度

赞美是美德的影子，拥有美德，赞誉也随之而来。对于教育者来说，最大的美就是不吝啬自己的赏识，善于发现每一位学生身上的不同闪光点，将学生看作艳丽的朝霞、晶莹的露珠、沁香的花朵，赞誉学生的美好品德，但同时也正是学生的缺点和不足，使教师的赞赏能够更加真诚，而不仅仅是一种类似于奉承的表扬。因此，在初中德育教学中，教师在实施赏识教育的时候，要注重赏识有度，对学生进行综合性的评价，避免一味地赏识使学生过分自信甚至自大，骄傲自满，在遇到困难和挫折的时候产生心理失衡，反而不利于学生的健康成长。

例如，在教学"劳动最光荣"的时候，教师可以借助网络信息技术为学生搜集大量的名人名言，要求学生通过了解这些名人名言背后的故事，阐述自己对劳动的看法，并根据学生正确的独特见解，给予表扬和鼓励，以此来激发和引导学生进行深入的思考，进一步实现学生思想的升华，但同时也要做到"不废批评"，针对学生错误的言论和行为，要进行严厉的批评和教育，以进退有度的赏识保证课堂教学的平衡发展。

2. 赏识要具体

在传统的教学中，很多教师在表扬学生的时候都只是一句简单的"很好"，却没有具体地点明好在哪里，导致学生无法检测到自身好在哪里，坏在何方，因而无法有一个较为明确的发展方向。为此，在初中德育教学中，教师在实施赏识教育的时候，一定要清晰明了地告诉学生哪里做得好，哪里做得不好，让学生明白自己为什么会得到表扬，又为什么会被批评，帮助学生拨开眼前的迷雾，提高自我判别的能力，为学生提供一个明确清晰的发展方向，帮助学生更好地判断自己的行为。

例如，在培养学生"正确金钱观念"的德育课堂上，教师可以鼓励学生大胆表述自己对于零花钱的规划和使用，然后再对学生的回答进行科学合理的评价，点出学生正确的金钱理念进行表扬和肯定，而对于学生错误的金钱观念也给予宽容的指导和纠正，让学生明白怎样处理零花钱最为合理，以及这样处理零花钱的意义所在等，为学生树立一个正确使用金钱的典型范例，通过榜样作用帮助学生树立正确的金钱观念，形成良好的"正确挣钱，节约用钱，合理花钱，珍惜金钱"的思想和习惯。

3. 赏识要个性

学生之间存在个体差异是必然的，因此在学习过程中所表现出的优缺点也是不同的，而一切不考虑学生个性的赏识，都是笼统的、模糊的、毁灭个性的做法。初中阶段的学生正值青春叛逆期，心理敏感且性格迥异，自尊心也特别强，因此，教师在德育课堂上实施赏识教育的时候，一定要注重赏识方式的变化，以恰当的口吻对学生进行表扬。

例如，在教学"文明礼仪伴我行"的时候，教师可以根据学生的性格特点采取不同的赏识方式，如针对乐观开朗的学生，教师可以采取直截了当的方式对学生在文明礼仪方面的优缺点进行评价，而对于心思细腻、敏感内向的学生，教师则需要采取一种走心的方式，对学生在行为姿态、待人接物等方面的优良表现进行——列举和表扬，帮助学生在内心建立自我认同，提高学生的自信心，然后鼓励学生大胆与他人进行交往，打开学生的心扉，使其变得乐观又自信。

（五）了解赏识教育的弊端

泛化赏识教育带来弊端的原因有两个：一是中国家庭结构的特殊化，孩子本来就是生活的中心；二是一味强调赏识，让孩子患上表扬嗜好症。在赏识教育中长大的孩子，从小听得最多的是赞扬声和鼓励声，他们会自信满满，但是假设把他们放置在除以上两种环境之外的地方，我唯恐他们因为从小缺乏这方面的免疫而一时半会儿招架不住，难以承受"恶"语言带来的遍体鳞伤的伤害。这就是"赏识教育"无法避免的弊端，这样被竖起的大拇指深深影响着孩子，不像那些皮糙肉厚的孩子，从小习惯了家长的批评、教师的批评，反而有一颗不怕摧残的心，不至于在挫折下产生极端的念头。

赏识教育是教育的一种方法，就是找到被教育者身上的特长、优点、闪光点，加以夸奖或者赏识，使其受到鼓舞，提振其自信心，促使其向更高、更远、更好的方向努力发展。有的人滥用赏识教育，在不该或者不值得运用这种方法的时候运用了这种方法，以虚假脱离实际的感觉让人感到尴尬，而有时又会使人盲目自信，沾沾自喜，滋生骄傲自满的情绪。挫折教育是说通过遭遇挫折磨难使人受到教育而变得更加顽强、更具有毅力和抗打击能力。艰难困苦，玉汝于成；院子里遛不出千里马，温室里长不成栋梁材；宝剑锋从磨砺出，梅花香自苦寒来。

（六）信任学生，放大优点，发挥潜能，张扬个性

教书育人，为人师表，教师要以身作则。著名的"罗森塔尔效应"实践告诉人们：学生能否持之以恒地学习，与教师的信任程度有密切关系。教师要相信每个学生都能学得好，在每个学生身上，教师都要看到他们的长处，发现他们的闪光点，并把闪光点放大，哪怕是细小的也不能错过。当学生站起来不能流利地回答问题的时候，我投去一个期待的目光，说一句鼓励的话语，帮助他成功一次，久而久之，他在课堂上发言的水平就会提高，学习能力就会相应地提升，因此，教师要多信任学生，在每位学生的心里种下一颗自信的种子，让降温的心升温，热心助燃，促使他们最大限度地发挥积极性和主动性。学生潘某某，由于父母忙于生计，无暇顾及他的学习，他就自暴自弃，平时几乎不念英语，偶然一次，他念对了一个英语单词，我在全班同学面前表扬他，并向他投去信任的目光，让他反复念几遍，以后的早读课他都认真地读，从不怠慢，学习英语的劲头足了，学习的兴趣调动，潜能发挥，成绩提高。

（七）优化策略，抓住时机，综合评价，释放潜能

新课程理念要求我们要善于观察，捕捉教育最佳时机，将过程管理与结果考核有机结合，即时评价，即地评价，增加学生成功体验，减少学生消极心理感受。

每次活动，我都让学生自评，然后互评，学生明确是非，及时整改，取得了良好的效果。孔子云：吾日三省吾身。让学生每天写反思（优点或缺点），学生自主取舍，独立思考，学会反思，调整自己的行为规范。每次主题班会课，放手给学生，他们自己收集资料，释放潜能，自编、自演，闪亮登场，秀出个性，我只是把关，最后评出"风云人物"（优秀导演、演员、主持人等），互评中，学生体会到真诚的快乐，懂得赞美与欣赏别人，学会宽容。班主任由原先的"事无巨细的包办者转为学生成长的引领者"。善于挖掘学生的潜能，发现闪

光点并放大，多用鼓励性的语言，学生就能释放潜能，尽显自己的本领。

陶行知曾经说过："教育，这首先是关心备至地，深思熟虑地，小心翼翼地触及年轻的心灵。"教师只有真诚地捧着一颗"爱心"，加深理论修养，全面了解学生的思想、情感和个性，以人为本，对学生产生真正的爱，尊重、信任学生，才能真正发挥学生的智慧和潜能。

（八）用爱去感化学生，收获教育的硕果

伟大的人民教育家陶行知先生以其"爱满天下""捧着一颗心来，不带半根草去"的伟大人格影响着无数的后来者，他的生活教育理论、创新民主教育也成了当前推行能力素养教育取之不尽、用之不竭的源泉。在多年的教育教学和教育者工作中，我体会到学生的心灵是纯洁、天真的，他们十分在乎老师那并不多的表扬，老师如给他们一分的关爱，他们就会感到十分的满足和愉快。而伤心于老师的指责与批评，老师只要对学生有一分的冷落，他们就有十分的自卑和烦恼。实践证明，不断地赏识，很快就可以发现这些平时并不能引起我们注意的学生其实很不"简单"：有的学生调皮好动，但爱动脑筋，有很强的思维想象能力；有的懒惰贪玩，可是头脑灵活，心思活络，动手能力很强；有的脾气倔强，爱钻牛角尖，但做事很有毅力。要赏识这些并不出色的学生该如何做起呢？首先应接受学生的全部；其次是重视每一个学生，发现他们的闪光点；最后要多加以鼓励和表扬。就像照镜子一样，在我的赏识和赞美声中，这些处于弱势的学生们渐渐发现了自己的美好形象，他们不再自卑，对自己充满信心，增加了努力学习的勇气。

（九）赏识学生，创造成功、和谐的教育

赏识学生就是理解学生、相信学生。在新课程改革中，赏识学生能给我们提供更多更好的教育教学工作方法，给新课程插上腾飞的翅膀，产生强大的教

育力量！一个教师能赏识学生，他也会被学生所赏识。人在社会中生存，都希望自己的学习、工作、人品等受到赏识。那么我们的学生呢？他们同样需要老师、家长的赏识。他们是正走向成功的人，教师的赏识很可能是他们成功的基石。因此，新时代的教师应正确认识自己的角色，摆正自己在教学中的位置，改变旧的教学理念和单一的授课方式，成为学生学习的指导者与促进者，树立正确的学生观、发展观、知识观和课程观，体现教育"以人为本"的理念。学生是我们的希望，在教学中，教师要时时刻刻关注每一个学生，想学生之所想，把赏识教育运用于各科教学，使每个学生享受到被赏识的快乐，进而得到健康的、全面的发展。

二、加强班级管理——为每一个学生成长创造良好环境

（一）目前初中班级管理存在的一些不足

1. 初中班主任管理过于程序化，不够人性化

目前，班主任还处于一个较权威的地位，学生需要听从班主任，并且配合班主任的各项工作。初中的学生本质上同成人无异，他们可能多了一些成人没有的冲动。而在这种状态下，初中班主任仍旧以权威身份自居，这在很大程度上造成了班主任和学生的鸿沟。班主任对学生的关心也不够，班主任只是通过个别的班级干部来了解学生平时的生活和学习，而不是主动去了解。并且，学生出现问题时班主任会直接将情况反映给家长，这样程序化的管理模式不但影响了学生和班主任的关系，还间接影响了学生家庭成员之间的关系。

2. 学生缺少主观能动性，过于强调班主任的主体地位

除了第一点中班主任过于严格的少数状态外，还有一个较为普遍的情况，即班主任过于加强对班级的管理，班级事情基本都由班主任亲自解决，或者由个别班级干部来解决。学生在班主任的严格管理下进行学习和生活，这样的管

理制度不够人性化，失去了学生才是学习的主体这一重要思想管理方针。所有学生都是不同的，班主任却用同一种管理模式对待所有的学生，这样就抑制了学生的全面发展，也限制了学生能力的发展，学生过于依赖班主任，每天的任务只是学习，缺乏对生活的管理能力和对自我安排的管理能力。

3. 班主任溺爱班级学生或者个别学生

因为现在基本上每个家庭都是独生子女，在家里时学生受到家人的保护，在学校时学生受到班主任的保护，这样会导致学生过于娇气。初中学生处于性格叛逆期，如若班主任和家长间不能够进行良好的合作，不仅会限制学生的发展，还会恶化学生和班主任之间的关系。班主任无论是溺爱还是严厉，都是不可取的。班主任应该采用人性化的管理模式，良好地教育学生、引导学生。

4. 信息时代带来的网络问题

随着我国信息技术的快速发展，现如今处于一个网络信息大爆炸的时代。网络的到来对学生既有益处也有害处。初中学生正处于对事物好奇的年龄，他们不能很好地控制自己不去沉迷于网络，甚至出现有些学生逃课逃学打电子游戏的现象。但是，班主任对待这种现象，除了加强对学生的看管，目前的确没有更好的策略来解决这个问题。

（二）班主任改善改进班级管理工作对策

1. 构建积极向上的班风

所谓"班风"，是指一个班集体的氛围环境，是学生赖以生存、生活和学习的环境，它影响着学生日常生活的每一天。一个有学习氛围的班集体，一定是可以带动每一个学生积极向上的，它不仅影响着整个集体的学习氛围，也影响着班主任老师各个方面的工作，更影响着学生品格习惯的形成。学生的初中阶段是养成良好习惯和品格的重要阶段，是是非观和对事物的判断能力都处在刚刚养成的阶段。好的班风充满着正能量，正能量是推动学生正确发展的动力，是引领学生健康成长的方向标。因此，优秀的班风十分重要。

在日常工作里，班主任老师要时刻鼓舞学生，在平常的学习工作中，也要时刻培养学生的集体荣誉感。要让初中学生明白，不能只考虑自己，要考虑整个集体，自己的行为举止是会直接影响到集体的。这样初中学生就会在日常学习生活中严格要求自己，不再只是考虑自己，也会想到自己的行为习惯是不是会影响到别人，影响到整个集体的荣誉。同时，班主任老师还要经常鼓励学生，初中学生的自尊心很脆弱，要注意沟通之道。批评有度，把鼓励的话挂在嘴边，这样学生也会越来越自信。当学生取得进步的时候，要在集体面前表扬和鼓励学生，一起庆祝进步。当学生犯错误的时候，要和学生一起静下心来分析原因，让学生深刻认识到自己的错误。在这样的氛围里，学生有了强烈的集体荣誉感，会相互鼓励，相互促进和学习，整个集体都会愈加进步和和谐，愈加充满着团结奋进、积极向上的良好风气。

2. 培养学生良好的品格

初中学生的品格是非常重要的，且初中时期是学生养成品格习惯的关键时期。初中班主任要重视起初中生思想品德的培养以及思政课堂的关键作用；重视起学生的行为习惯、行为举止和谈吐间的礼貌和修养；还有最重要的就是诚实守信。思政课堂要持续发展，不断改革创新。学校也要积极响应国家及上级的号召，多让教师参与培训，也要积极开发中学思政课堂的教育资源，不断贯彻落实习近平总书记讲话中的关键任务，把"道德与法治"时刻铭记于心，运用在课堂上。同时，也要积极引进各方文化，在不同领域中充实中学思政课堂的内容。围绕社会主义核心价值观，围绕社会主义法治教育以及社会主义心理健康教育。同时，我们也要把中华优秀传统文化融入课堂里，培养学生的爱国主义精神，还要在课堂中多做一些集体活动，增加学生的集体荣誉感，从而培养学生的凝聚力，进而使得思政课堂更加丰富多彩。另外，也要时刻记得以人为本。在思政课堂中，要以学生为根本。要考虑到学生的年龄和兴趣爱好，关注学生的个体差异。多和学生家长沟通，关注到每一个学生的思想变化。对于个别有问题的学生，也要协同家长进行有针对性的教育，从而确保每一个学生都可以在课堂中学到正确的思想知识，健康成长。

同时，思政课堂也要注意统筹兼顾。兼顾到各方面的利益和关系。例如，学生和教师的关系、学生和家长的关系，以及教师和家长的关系。但要时刻记得以学生为主体。初中生年龄尚小，教师一个人的力量远远不够。推进课堂思政化，我们还需要各科老师的协助。语文课上，让学生多去了解和学习社会主义核心价值观的含义；美术课上，让学生多去画出自己的想法；音乐课上，让学生多去传播一些民族荣誉感和凝聚力的歌曲；体育课更是培育学生集体荣誉感的关键。所以，思政课堂更要注重统筹兼顾。

班级作为学校的重要组成部分，班主任在帮助学生有效开展学习活动中起着至关重要的作用。班主任班级管理水平的高低直接影响到学生能否全面健康地发展，也影响到教学质量能否得到有效提升和改善。因此，针对初中班主任管理工作展开讨论，分析目前班主任管理工作中存在的一些不足，且试着提出一些改进措施，可以有效帮助初中班主任进行班级管理工作。

3. 改变或严格或溺爱的管理模式，充分引导学生，发扬民主的管理模式

初中学生相比于其他年龄段的学生更爱表现自己，班主任应该充分利用这一点，发挥学生的优势，让学生充分参与到班级管理中来，让学生成为自己的主人。班主任在制定管理策略时可以通过开班会征求学生的意见，这样能够调动学生的积极性，形成一个良好的班风，这对学生的学习也是有极大帮助的。例如，班主任在发现有个别学生影响班级，导致其他学生不能进行良好的学习和生活时，应该同学生讲清楚事情要害后再进行批评教育，这比直接当众批评这些学生更有效果。当众批评不仅不能有效遏制学生的这些行为，可能还会引起他们的叛逆心理。

另外，班主任的管理模式可以在小组合作的基础上开展，即班主任可以将

班级同学分成若干组，由小组同学互相监督、互相合作，并进行定期考核和表扬。班主任在管理班级时必须做到以学生为本，关心学生的各方面来达到管理的目的。还要积极调动学生的积极性来开展班级管理工作，切忌将自己放到权威者的地位。

4. 班主任应该加强同家长的交流

初中生已经有了自己的想法和思想，而且更加重视自己思想和行为上的自由，他们很有可能因此不愿再听从家长和班主任的管理。班主任若想有效解决学生叛逆心理这个问题，首先必须明白解决此问题不是摘掉学生叛逆的标签，而是循循善诱、良好引导，将学生的特性引到正确的道路上来。班主任需要加强同学生的交流，清楚学生的想法，更好地了解学生的现状以及出现的问题，从根本上帮助学生解决问题。同时，班主任不可中断同家长的交流，有部分家长认为教育是学校、是老师的事，将学生抛给学校，自己什么都不管了，这是极不可取的想法。

因此，作为初中班主任，要及时与家长进行联系，将学生的近期状况详细地反映给家长，并同家长探讨出一个合理的解决措施，达到学校和家庭共同教育的目的，更有效地促进学生的发展。班主任要切记，如若家长在听到学生近况时出现愤懑、生气的情况，班主任对家长需要进行及时的劝慰，避免家长将坏情绪带给学生。班主任将学生情况反映给家长的目的只有一个，就是实现共同教育。

5. 注重班级干部的带头作用，发挥班级干部的主观能动性

班干部作为班级学生的代表，或者说是领头羊，班主任要管理好一个班级，少不了班干部的参与和帮助，而班干部基本都是由班级学生自己选出来的，班干部的心声可以说是学生的心声。因此，班主任更应该好好培养班干部的能力，让班干部明白班级集体利益高于个人利益。这样做是为了更好地开展班级管理活动。

竞选班干部时，班主任应该积极鼓励所有的学生来参加竞选，并不是只

有学习好的学生才能参加。有些学习不好的学生恰恰在管理方面具有一定的天分，班主任要能识人善用，挑选出最合学生心意的优秀班干部。

在选好班干部以后，班主任要对班干部工作进行明确分工，让每位班干部明确自己的职责和责任，并且定期进行教育，让他们明确自己的责任心。确定工作后，班主任应该大胆放手让班干部参与到班级管理中来，充分调动他们的积极性和主观能动性；平时还要注意培养和教育，避免他们在班级管理中出现盲目性和自私性；并教导他们要善于总结自己的错误和教训，不停地改善自己的工作方法，帮助其提升班级管理质量。

6. 班主任个人要树立良好的形象

班主任作为班级的领头羊，必须做到言传身教，因此，班主任自身的形象很关键也很重要。班主任经常同学生相处在一起，如何良好地引导学生，让学生从心底里佩服自己的班主任，并且努力向班主任学习，这是一个循序渐进、需要学习的过程。

对学生的教育，班主任不仅要靠言教，更加要靠身教，要用自身魅力影响学生。班主任要想做好班级管理工作，必须不断提高自我思想素质能力和实践能力，树立良好的自身形象。班主任要时刻保持注意自己的学识、品行以及涵养，这些都会对学生产生潜移默化的影响。对细节也不能无所谓，学生的眼睛可是雪亮的。

因此，班主任一定要做到为人师表应该做的事，优秀的班主任应该有浩正之气，有优雅之风，有属于自己的独特魅力，对学生要求什么就必须对自己要求什么，同学生一起去学习，让学生从思想上接受班主任的教育。这样才能达到事半功倍的效果。

7. 班主任应该联合其他科任教师，有效开展班级管理工作

班主任作为班级管理的负责人，也是沟通学生和科任教师的桥梁。有效利用合作方式能够更好地开展班级管理工作，这也是一个解决科任教师和学生之

间矛盾的手段。

另外，班主任应该加强同科任教师的沟通，让科任教师充分明白教师不仅具有教学任务，还有育人的任务；科任教师对学生的教育不应该仅仅局限在学习上，也应该发挥自己作为教师的能力。班主任和科任教师的沟通活动可以开展为以下三点：

第一，开学初期，班主任在了解班级学生的所有情况后召开会议，向其他科任教师介绍班级的主要状况和问题，着重强调问题，并且讨论解决办法。向科任教师介绍完自己的工作计划后，明确表示希望得到科任教师的配合。这样的会议在一定程度上能够让科任教师融入对班级管理的建设中，也让科任教师认识到自己对教育学生的作用。

第二，在期中或者期末考后召开会议，聆听各位科任教师对每位学生的意见和建议。会议主要是围绕学生的学习成绩来开展，并且讨论如何在日常生活中开展有效的班级管理，形成一个良好的班风，有效帮助学生提升学习能力和成绩，最后同科任教师制订出合理的教学方案和班级管理方案。

第三，在放假前进行会议召开。此时会议的召开可以称为对未来的展望，重点是总结和分析每位学生本学期的进步和退步，有哪些值得肯定，有哪些需要批评和改进。然后，制定下一学期的教学目标和管理目标，为有效开展教学工作和班级管理工作作一个重要的总结和对未来的展望。

8. 班主任应该丰富班级活动来调动班级学习氛围

班级活动作为班级管理不可或缺的一部分，有其重要作用。一方面，良好的班级活动能够有效调节学生学习和生活的关系，作为一种调节剂，有效缓解学生学习压力，提高学习效率，改善学习质量，提高学生的能力，让学生更加投入精力去学习；另一方面，良好的班级活动也有利于班级管理，学生在活动中形成良好的合作关系和班级氛围。班级活动也包括学校活动，学校活动包括学生组织的团体活动和社团活动，班主任应该有效利用学校活动，帮助学生提升能力。同时，班主任还应开展各项班级活动，例如利用班会课开展各种才艺表演或者观看视频。良好的班级活动能够帮助开发学生的智力水平和学习能力，能够拓宽学生的视野，增加学生对社会的认知，也能提升学生的合作能力、组织能力以及管理能力，对学生全面发展具有重要意义。

班级活动切忌注重繁文缛节，或者形式过于单一，拘泥于形式，没有创新意识，不注重学生差异，等等。班主任应该从每位学生的实际情况出发，组织良好的班级活动，能够让每位学生参与到班级活动中来，这才是班级活动的目的。例如，在举办才艺表演的时候要避免个人表演，多开展小组表演，让每位学生都能充分参与到表演中。这样一方面能够提升每位学生的能力，另一方面能够加强学生之间的交流，提升他们的合作能力。

三、尊重学生——让每一个孩子都感受到尊严

（一）尊重学生是师德修养的重要组成部分

老师被人们誉为"人类灵魂的工程师"。可见，这个职业是神圣的。然而，作为一种社会分工，"教师"确实是由千千万万个"个人"组成的。只有这千千万万个"个人"都具有高尚的师德，才无愧于教师这个群体。这就需要我们每一位从事教育工作的"个人"都必须有尊重学生的职业道德修养。我觉得，从最根本的意义来说，师德是相对学生而言的，这是因为，教师的工作对象是学生，工作的性质是把学生培养成为社会主义事业的建设者和接班人，是服务于学生的。

（二）尊重学生课堂主体作用——以语文课教学为例

1. 把握学生心理，引导学生自主学习

作为教师，我们不能无视学生的心理状态。每位学生都是带着某种情绪来参

加学习的，积极的如喜欢、愉快、满意，消极的如紧张、烦躁。尊重学生的主体地位，就应该把握住学生的心理状态。如去年夏天的一次课堂教学时，外面突然狂风大作，顷刻间暴雨如注。教室里的学生情绪变了，变得不能专心听课了，我没有批评他们，想到学生们的心理，我就大声宣布："咱们欣赏雨景吧！"学生们都高声欢呼。回家后，学生们写了观察作文，这次作文质量明显提高了。每次备课，我不仅认真钻研教材，还研究学生知识掌握的差异，透视学生的心理状况，努力尊重每个学生，使不同程度的学生在原有基础上有不同程度的提高。

2．建立民主的课堂氛围，创设自主学习环境

在传统的语文课堂教学中，教师是课堂的主宰，其实，过分强化教师的主导作用，便不自觉地代替了学生的主体地位。教师应从神圣的讲台走下来，成为学生主动学习的帮助者、促进者、鼓励者。有了这样一个宽松、民主的课堂氛围，学生们才能够轻松愉快地进行学习。

3．增加学生课堂活动量，拓宽学生参与面

要发挥学生的主体作用，就要减少教师在教学活动中的量，增加学生的活动量，拓宽学生的参与面。课堂教学中，我给予学生充足的自学时间，用时间来换取学生的思维空间。如我在教《科学怪人》时，提出了这样一个问题：科学怪人他到底怪不怪？从课文的哪些地方可以看出来？一问完，马上有几只小手举起来。此时，如果马上叫学生回答问题，学生思考往往不够全面，或不够深刻。于是，我微笑着说："有的同学反应敏捷，真棒，你能像其他同学那样考虑得更周到些吗？"这样的方式既保全了他们的自尊心，又鼓励了全体学生继续思考。过了一会儿，大部分学生举起了手，跃跃欲试，我选了一名中等生回答，说得较全面，语言组织通顺，说明他刚才认真考虑了，再叫几个学生回答，说得都挺好。

4．积极创造机会，鼓励学生提出问题

在传统的语文教学中，一般都是通过教师精心设计的问题引入、展开、延

伸的，这样的弊端是忽视了学生学习的主体作用，把学生当成学习的局外人，不利于激发学生的学习兴趣。古人说得好："学起于思，思源于疑。"疑是思维的火花，在课堂教学中，我高度重视发展学生的独立质疑能力，激发学生动脑筋、提问题的积极性。允许学生随时提问，捕捉他们的思维火花。

（三）基于师生关系尊重学生

实施尊重教育，教师是关键，教师有什么样的理念将决定他在教育过程中采取什么样的行动。以前学生进办公室前喊"报告"，现在变成敲门，这是礼仪，是进入别人领地时相互尊重的需要，是一种真正意义上的平等，师生更是如此。我很赞同一位同事的做法：一天下午，他通知学生放学后留一下，可等他开完会回到班上，发现多数学生都走了，只剩下少数学生在等他，当时他很生气，但没有发泄，因为他知道，批评了留下来的学生，就等于鼓励了先走的学生，于是他把剩下的学生带到操场上谈心，开始时，学生们不知道说什么好，他就请学生们说事情的来龙去脉。"后来呢？""结果怎样？"他不断鼓励学生自己进行分析。"老师我可以说真话吗？说了真话，你不会对我有成见吧？"这位同事最后对我说："我发现，我以前没有给学生说话的权利，通过这件事，我反思自己，以前我和学生谈话，尽管态度很和蔼，但他们坐下后仍是心有余悸。原因是我用了审视的目光，没有和他们建立良好的师生关系。"

四、对学生进行激励——给予每个学生勇气与自信

（一）兴趣激励

学习兴趣是学生追求知识、探索真理的情绪性意向活动。"亲其师，信其道"，进而学生才能"乐其道"，学生对学科的兴趣和学生对教师的评价存在着

正比的关系。教师关怀学生，会使学生获得坚持学习的自信心，师生关系本身就营造了一种影响学习的课堂气氛。所以，作为班主任，平时首先要注重深入学生，并和学生打成一片，了解学生的兴趣爱好，关注学生喜怒哀乐等情绪的变化，处处关心学生、爱护学生，让学生保持愉悦的学习心理。学生在学习过程中如果心情舒畅，对学习的内容很感兴趣，那么，他的思维将处在积极的活跃状态，很容易理解、消化所学内容，学习起来轻松自如，学习效率就会提高，从而获得成就感。因此，在教学中要强调学生的主体作用，让学生真正做学习的主人，一方面教师要学会下放"探究权"，另一方面教师要学会引导学生主动、活泼地学习，潜移默化地培养他们的学习兴趣。

（二）情感激励

它包括两层意思：师生情感和上课激情。情感具有迁移功能，只有建立了良好的师生关系，将自己融化于学生整体之中，学生才会将对老师的爱迁移到老师的教学内容上，以情育情，以情育人。学生需要爱，弱势群体更需要老师多给一点爱。而这诚挚的爱心则来自班主任那亲切的话语和细致入微的体贴、关怀和倾听。在学习生活中，遇到如下情况学生更需要班主任亲切、真诚的问候：学生思考有疙瘩时，学生之间产生矛盾时，学生遇到困难时，班级某种不良风气抬头时，学生受到挫折、犯错误时……每当这时，我总是第一个主动接近他们，真心实意地促膝交流，像朋友一样倾听他们的心声，了解他们的内心世界，逐渐释放他们的心理压力，随时随地同他们心理换位，想其所想，再晓之以理、导之以行，使自己真正成为学生们学习生活中的良师益友。作为班主任，走近每一个学生，真诚的一次问候，认真的一次倾听，对他们来说是那么的重要，特别是对一些学困生，你的某些行为甚至可能从此改变他的一生。

母爱是圣洁的，得到母爱是幸福的；师爱是高尚的，得到师爱是幸运的。播洒师爱是我们做班主任的责任，奉献真情是我们当教师的义务。在平时的教学工作中，我把向学生献爱送情作为教书育人的一个重要环节。

（三）教法激励

教学有法，教无定法。要不断改变教学手段，推出更适应当代中学生心理特点的教学方法。比如：传统的启发式教学法；全方位开放式教学法，即"情景设疑—引导看书—探究发现—组织讨论—精讲析疑—总结测试"；"三问"教学法，即学生提问学生答、学生提问老师答、老师提问学生答；对理论性较强的课也可采用归纳演绎法等。这样，可激励学生始终处于积极求知的状态。

（四）学法激励

授人以鱼，不如授人以渔。要教会学生怎样学习，使学生有一套适合自己的科学的学习方法。首先，指导学生科学地阅读，厘清教材的基本内容、理清思路，注意重、难、疑点以及理论与实际的结合点和知识之间的关节点，教师要起到导读、导思的作用；其次，指导学生正确整理知识，准确地把握每一节课的知识体系，厘清脉络，找到线索，发现规律，把形似孤立的概念、原理进行归纳整理，使之系统化、条理化，让每一位学生都能积极地去思考、发现问题，从而培养学生解决问题的能力。

（五）信息激励

当代初中生有较强的求知欲，喜欢思考，富于想象力。要及时捕捉富于时代气息的新材料，并与课本物理知识有机地结合起来。比如：根据"神舟五号"的发射和其在轨道上的运行来讲解圆周运动、超重失重的概念；介绍宇宙大爆炸理论及其提出的实验依据，强调物理实验课的重要性；介绍纳米技术所带动的技术革命及其对人类的影响，并且讨论在宏观世界被奉为经典的欧姆定律在纳米世界却最不可能成立的奇异现象。

五、注重学困生转化——一个都不能少

以前一直以为"研究"这个词是用在一些有着高深资历的成功人士身上的，所以我对"研究"这个词没怎么深入研究，直到上级领导让我做一个学生学习英语的个案研究，我才开始查阅各种与研究有关的书籍，如:《质的研究方法与社会科学研究》《教师如何作质的研究》，看完了这些书，我虽然对"研究"这个词有了点了解，可是还是很疑惑:"我在教学中遇到的问题到底是怎么回事？""我应该如何解决这些问题？""如果我要对这些问题进行研究时，又应该从哪里下手？"等，这些疑惑一直徘徊在我的脑海里，困扰着我，我只想做一些切合自己英语教学实际的研究工作，因此，我想从教育记录、教育日记、教育随笔来完成学困生转化的研究工作。现在，我把这种研究运用到德育上。

（一）了解、调查研究对象——莫 XX 同学的基本情况

在还没接手这个班时就听说这个班里有个"优秀学生"，其他科成绩很好，唯独英语从来没超过 30 分，对此我很疑惑:120 分值的试题为什么就考不到 30 分呢？而且还是蛮有智力的学生呢！所以我接手时，就特别关注这位学生，可我又意识到，我不能一开始就抽她出来做研究，这样会给她很大的压力，同时也会给其他学生留下老师偏心的印象，所以我在开学时就给全班发了一份调查表，想了解一下学生们的学习情况，其中莫 ×× 的调查表是这样的:

> 亲爱的同学们:
>
> 你们好！本次问卷调查为研究之用，想了解同学们的英语学习现状。请你们根据自己的真实情况进行选择，如有其他答案请另行填写，填写时请不要与别人讨论，谢谢合作！

姓名　　　莫××　　　　　　　性别　　　女　　　

1. 你小学毕业的学校名称：　长岭小学　

2. 你小学英语老师的名字：　莫然　

3. 你认为你的英语成绩在班中处于：　C　。

A．前 1/3　　　　B．中 1/3　　　　C．后 1/3

4. 你对英语的学习兴趣是　B　。

A．很高　　　　　B．一般　　　　C．不太高　　　　D．不高

5. 影响你学英语的兴趣的原因主要是　D　。

A．老师的教学方法和水平　　　　B．您和老师的关系

C．教材内容的有趣性和相关性　　D．自己的英语学习成绩

E．其他

6. 你认为哪些措施可以有效激发学生学习英语的兴趣？　A　

A．老师多鼓励帮助

B．作业的多样化设计和英语课外活动

C．使用多媒体等教学手段

D．强调英语学习的重要性

其他措施（请填写）　　　　　　　　　　　　　　　　

7. 你喜欢的英语学习方式是　C　。

A．老师讲解　　B．同学合作学习　　C．独自学习　　D．都有

E．其他

8. 在学习中，你认为什么方法记忆单词最有效？　B　

A．活学活用　　B．死记硬背　　C．只看不写

D．只写不看　　E．多听录音　　F．边读边写　　G．其他方式

9. 你怎样预习新课文？ __B__

A．听录音　　　　　　　　　B．看课本和参考书

C．和同学合作完成　　　　　D．老师不布置就不预习

10．在上课时，你习惯采用哪种方式学习？ __A__

A．不停地记笔记，课后再复习　B．认真听老师讲，偶尔记笔记

C．不听老师讲，自己看书学习　D．只听老师讲，从不记笔记

E．其他（请填写）_____

11．你认为哪项活动对提高英语最有效？ __B__

A．记单词、句型、笔记　　　　B．背课文、语法

C．举行演讲、话剧等活动

D．用英语完成某项任务，如调查同学生日

E．都有

12．你认为学英语的最好方式是__D__。

A．学校英语课堂　　　　　　　B．课外辅导班

C．课外学生自主合作　　　　　D．不知道

再次感谢你的合作!

　　通过对莫××的调查表的分析，我了解到莫××同学是一个勤奋用功文静的学生，但是因为方法不对，使得她事倍功半，而且她也是个性格内向、缺乏自信的学生，学习英语都是靠死记硬背的，那么多的单词、课文、语法，使得她的脑袋被塞得满满的，连思考的空间都没有。所以，找她个别谈话是很有必要的。可是，怎样开始和她交流呢？于是就有了我下面的第二个观点。

（二）通过生活中的关心，接近并了解研究对象

教育都是从小处着手，轻轻地，静静地，也深深地了解我们的教育对象的，不是有句话说"润物细无声"吗？也许是因为我起初的特别关注，所以，每次上课我对莫 ×× 同学的每一个表情、每一个神态都特别留意。有一次，我正在上课，而且讲得正起劲时，我的余光留意到莫 ×× 好像在强忍着某种痛苦。于是我就停下来，轻轻地走到她的身边，蹲下来问她，是不是哪里不舒服，原来她胃痛。就因为她内向、胆小，所以不敢跟老师说，过后，我在关心她的病情之余，就开始和她聊聊她的这个性格，并鼓励她多问我问题，我会如她的大姐姐般的，叫她不用怕亲近我。

慢慢地，她和我熟识了，在课堂上她变得活跃了许多，敢举手回答问题了。可是由于她的学习方法不符合她的智力，所以她记单词很吃力。接着，我又开始指导她在课后走出教室去记单词，下午放学，吃过晚饭她就拿着本英语书去散步、打球之类的，和同学们边玩边背单词，这样手、脚、脑、口互相配合，一起运动，大大地利用了她智力好的优点，而且有时我也加入她的活动中去，这样在很大程度上激发了她的潜能和兴趣，她曾开心地跟我说过，不知道原来记单词可以这么开心。

（三）用赏识教育法来鼓励研究对象

究竟什么是赏识教育呢？就是教孩子说话走路的教育。父母教育孩子说话走路的那个阶段，孩子进步最快。因为父母总是用最欣赏、最得意的目光关注着孩子从零开始的每一点进步，即使孩子说得再差、再迟，他们也会说"贵人迟语"，他们从不会抱怨，只会不断鼓励、赞赏；孩子学走路，摔跤再多，父母也不会嘲笑他，只会坚持不懈地鼓励他、帮助他。最终，每一个正常的孩子都学会了说话和走路。因此，学生一些积极正确的做法，需要不断地给予肯定、表扬和鼓励才能持续。作为教师，我们常常认为学生的正确做法是理所当

然的，从不会停下来让学生知道，我们对他们有多么的肯定。

曾有一次，在我的课堂上，莫××同学兴奋地跳了起来。回想那次，当时我正在发单元测验卷，我是习惯不读分数的，当莫××领到她的试卷，看到她的分数时，她激动地跳了起来说："我终于及格啦！"那样子在外人看来有点像范进中举似的，原来英语及格对她来说是那么值得高兴的事情，还来不及等我表扬她，她竟然就开心地跳了起来。当时，我立刻停止发手里的试卷，对莫××同学的努力一一地给予肯定和赞扬，让她知道我看到了她的努力，我对她的努力是肯定的！下课后，莫××过来跟我说："老师，你知道我刚才为什么跳起来了吗？这对我来说太有意义了，英语考试及格是我一直以来的梦想，你说我这个梦想在中考也能实现吗？同学们都说我这一次是碰巧的。"我对她说："I am sure you can make it. You are so excellent. I am very proud of you."她当时非常高兴地离开了。

赏识就是一种期待，而期待则是我们给成长中的学生最好的礼物。学生们会从这种期待中看到：自己得到了一份特别的爱和关注。这种爱和关注会使他们全身心地感到愉悦和激动，并充满了一种回报期待的欲望和勇气，而最终这种欲望和勇气又将产生怎样的奇迹，我们自己也难以预料。

实践使我懂得，教师一句激励的话语、一个赞美的眼神、一个鼓励的手势……往往能给我们带来意想不到的收获。教师对学生小小的成功、点滴的优点给予赞美，可以强化其获得成功的情绪体验，满足其成就感，进而激发学习动力，培养自信心，促进良好心理品质的形成和发展，有助于建立和谐的师生关系，营造一个奋发向上的班集体氛围。请多给学生一点赞美吧，因为他明天的成功就蕴藏在你的赞美之中。

由于中考还没到，对莫××的研究虽然现在还没检验出最终的结果，可是，因为我对她的研究，对她的关注，在整个过程中，她已不再像以前那么吃力了，而且她能开心地学习英语了，我想这就是我内心想要得到的研究结果！

参考文献

［1］任海涛、晋涛：《中小学教育惩戒裁量基准及案例式解读》，华东师范大学出版社，2021 年。

［2］骆郁廷：《思想政治教育原理与方法》，北京师范大学出版社，2018 年。

［3］教育部基础教育司：《中小学德育工作指南实施手册》，教育科学出版社，2017 年。

［4］王道俊、郭文安：《教育学》，人民教育出版社，2016 年。

［5］张新平、陈学军：《陶行知的教育管理思想与实践》，上海教育出版社，2014 年。

［6］刘济良：《德育原理》，高等教育出版社，2010 年。

［7］李学农：《班级管理》，高等教育出版社，2010 年。

［8］李镇西：《做最好的班主任》，文化艺术出版社，2010 年。

［9］何晓文：《学校德育与德育课程化研究》，华东师范大学出版社，2007 年。

［10］于文芳：《论初中生服务学习的德育价值及其实现》，《现代教育》2022 年第 12 期。

［11］赵文忠：《新时代初中德育面临的挑战及应对方法》，《河南教育（教师教育）》2022 年第 11 期。

［12］李伟：《大思政背景下，初中学生主题德育活动实施策略研究》，《学周刊》2022 年第 31 期。

［13］赵超：《立德树人理念下初中体育教学中德育渗透研究》，《青少年体育》2022 年第 6 期。

〔14〕梁余权:《初中数学教学德育渗透路径探微》,《数学学习与研究》2022年第13期。

〔15〕姜莹莹、曲艳丽:《新时期对初中生开展德育的问题及对策》,《家长》2022年第12期。

〔16〕丁惠宇:《德育教育在班主任班级管理中的重要性及研究》,《亚太教育》2022年第7期。

〔17〕孙芳莉:《小学班主任工作有效性的提升策略》,《甘肃教育研究》2022年第2期。

〔18〕刘长海:《班主任工作制度的德性审视及其出路》,《教育科学探索》2022年第40卷第1期。

〔19〕焦清:《新时期初中班主任德育工作面临的主要问题及解决对策》,《学苑教育》2021年第24期。

〔20〕蔡丹丹:《以德育人让初中生管理更长效》,《新课程导学》2021年第20期。

〔21〕满自琴:《小学班主任德育管理探寻》,《科学咨询（教育科研）》2021年第7期。

〔22〕贺进:《德育评价实施的难点及其超越》,《教学与管理》2021年第16期。

〔23〕苏富:《初中体育课堂上德育的渗透策略探究》,《新课程》2021年第21期。

〔24〕冼礼华:《浅谈农村初中班主任工作之艺术》,《求知导刊》2019年第50期。

〔25〕林义礼:《柔性管理在初中班主任工作中的运用》,《中国校外教育》2019年第31期。

〔26〕袁强:《新时期初中班主任工作创新策略》,《中国校外教育》2019年

第 19 期。

［27］李慧：《新形势下初中班主任工作的沟通技巧》,《新课程教学（电子版）》2019 年第 11 期。

［28］姜文霞：《初中班主任工作中渗透德育教育的有效途径》,《新智慧》2019 年第 6 期。

［29］禹朝晖：《新时代背景下初中班主任工作浅析》,《试题与研究》2019 年第 4 期。

［30］孙立：《探讨新形势下初中班主任工作的沟通技巧》,《课程教育研究》2018 年第 29 期。

［31］王本美：《浅谈班主任工作在初中生成长中的作用》,《试题与研究》2018 年第 16 期。

［32］陈杰辉：《网络背景下初中班主任工作的挑战和应对之初探》,《新课程（中）》2018 年第 2 期。

［33］达长林：《做好初中生的培优补困工作是班主任的重要任务》,《新课程（中）》2016 年第 7 期。

［34］欧阳敏、关慧兰：《初中生心理健康教育——班主任工作的新支点》,《学周刊》2014 年第 22 期。

［35］王小文：《立德树人背景下初中英语教学策略研究》,《英语教师》2023 年第 23 卷第 7 期。

［36］吴登霞：《新时期小学班主任德育工作探微》,《甘肃教育研究》2023 年第 3 期。

［37］张庆华：《坚持立德树人　建设优良校风——谈初中学校德育教学的落实》,《华夏教师》2023 年第 9 期。

［38］葛刚：《基于德育融合的初中语文"素读"思考》,《语文教学通讯·D 刊（学术刊）》2023 年第 2 期。

［39］李国标:《基于初中生品格教育的德育系统构建实施路径探究》,《吉林教育》2023年第4期。

［40］张明花:《立德树人背景下初中历史德育课堂的构建》,《吉林教育》2023年第13期。

［41］刘瑾:《基于立德树人的初中班主任德育工作创新研究》,《中学课程辅导》2023年第19期。

［42］顾斌:《探索班主任加强班级德育工作的有效路径》,《华夏教师》2023年第15期。

［43］黄虎林:《谈如何利用校园文化提升初中生的德育素养》,《中华活页文选（教师版）》2023年第5期。

［44］马天香:《初中班主任领导力的现状及对策研究》,闽南师范大学,2021年。

［45］赵凤:《初中班主任班级情绪管理策略》,黑龙江大学,2021年。

［46］毋锶锶:《初中班主任评价素养现状与影响因素研究》,东北师范大学,2021年。

［47］郑瑞东:《新媒体环境下初中生德育问题及对策研究》,郑州大学,2020年。

［48］王晓:《对初中生实施教育惩戒的德育功能研究》,湖南大学,2019年。

［49］雷晓丽:《初中生思想政治教育中存在的问题及对策研究》,太原科技大学,2018年。

［50］李金明:《班级规则对初中生规则意识发展的影响研究》,辽宁师范大学,2017年。

［51］邱绪帅:《班杜拉社会学习理论在初中生德育中的应用》,贵州师范大学,2017年。

［52］杨芳：《初中班主任班级日常管理问题研究》，延边大学，2022年。

［53］李梦：《初中班主任工作渗透心理健康教育的现状研究》，湖北师范大学，2022年。

［54］赵加慧：《初中班级管理效能提升策略研究》，哈尔滨师范大学，2022年。